高等院校艺术设计类系列教材

U0368363

企业形象设计

李文红　冯紫薇　孙倩　主编

清華大學出版社
北 京

内 容 简 介

本书深入浅出地介绍了企业形象全程操作系统的策划、企业理念识别系统的策划、企业视觉识别系统的策划、企业行为识别系统的策划，以及企业形象策划与企业经营业绩之间的关系。本书通过具体案例分析设计流程和操作步骤，旨在加强读者在应用技术和实用技能方面的训练，并注重教学内容与教学方法的创新。

本书的特色在于将企业形象设计的理论教学与实践应用紧密结合，致力于激发和培养学生的设计思维创造力，并同等重视训练学生在设计制作和表现上的动手能力。

本书既可作为高等院校相关专业的教学用书，又可作为培训机构及形象设计爱好者的参考书。

图书在版编目（CIP）数据

企业形象设计 / 李文红, 冯紫薇, 孙倩主编.

北京 : 清华大学出版社, 2024. 9. -- (高等院校艺术

设计类系列教材). -- ISBN 978-7-302-66835-0

Ⅰ. F272-05

中国国家版本馆CIP数据核字第2024VD7441号

责任编辑：李玉茹

封面设计：李 坤

责任校对：鲁海涛

责任印制：丛怀字

出版发行：清华大学出版社

　　　网　　　址：https://www.tup.com.cn，https://www.wqxuetang.com

　　　地　　　址：北京清华大学学研大厦A座　　　邮　　编：100084

　　　社 总 机：010-83470000　　　邮　　购：010-62786544

　　　投稿与读者服务：010-62776969，c-service@tup.tsinghua.edu.cn

　　　质量反馈：010-62772015，zhiliang@tup.tsinghua.edu.cn

印 装 者：三河市铭诚印务有限公司

经　　销：全国新华书店

开　　本：185mm×260mm　　　印　　张：14.25　　　字　　数：355千字

版　　次：2024年9月第1版　　　印　　次：2024年9月第1次印刷

定　　价：69.00 元

产品编号：105292-01

前　言

　　企业形象是企业宝贵的无形资产，它直接影响着品牌影响力和市场信誉。一个积极向上的企业形象能够显著提升企业的市场竞争力，同时也有助于吸引顶尖人才，进一步提升企业的整体素质和竞争能力，为企业带来更多的商业机会和合作伙伴。企业形象设计是企业塑造形象的关键步骤，涵盖了品牌定位、视觉识别、文化建设等多个重要领域。

　　企业应秉承科学发展观，强调将企业形象设计的理论教学与实践应用相结合，注重激发和培养学生的设计思维创新能力，同时重视训练学生在设计、制作和表现上的实际操作能力。本书结合实际案例，深入浅出地阐述了企业形象设计的核心要素和实施策略，旨在帮助读者深入理解和有效塑造企业形象。书中不仅包含丰富的案例分析、理论阐述和实践指导，还设有互动交流环节，为读者打造了一个全方位的企业形象设计学习与交流的平台。

　　以下是本书的四大亮点。

　　1. 案例分析：精选案例配合图解分析，深入探讨企业形象设计的实际应用，助力读者更好地吸收理论知识。这些案例展现了企业形象设计在不同情境下的多样化应用，通过分析，读者能够将理论知识有效转化为实际工作中的应用能力。

　　2. 理论阐述：系统性地介绍企业形象设计的理论基础，包括品牌定位、视觉识别、企业文化建设等关键概念，帮助读者深刻理解企业形象设计的本质和目标。

　　3. 实践指导：提供实用的操作技巧和方法，指导读者如何在现实工作中灵活运用企业形象设计理念，提升实践能力。

　　4. 互动交流：鼓励读者分享经验，交流心得，打造一个互动交流的空间，促进读者共同成长和进步。

　　我们期望本书能够成为读者理解和塑造企业形象的有力工具，引领您走向成功的道路。无论您是企业高管、市场营销人员，还是相关专业学生，相信本书都能为您提供宝贵的见解和帮助。

本书由北京科技大学天津学院的李文红、冯紫薇、孙倩编写。其中，李文红负责项目 1 ～ 5、7、13 ～ 16 内容的撰写和全书的统稿工作，冯紫薇负责项目 6、8、9、17、18 内容的撰写工作，孙倩负责项目 10 ～ 12 内容的撰写工作。

在编写过程中，我们参考借鉴了大量有关企业形象设计等方面的资料，精选了具有典型意义的案例。此外，为了方便教师教学和学生学习，本书配有教学课件。

编　者

VI 手册案例

教学大纲

课件

目 录
CONTENTS

 Part I　企业与品牌形象识别

项目 1　了解品牌形象

1.1	项目目标 3
1.2	企业形象识别与品牌形象认知 3
	1.2.1　企业形象识别 4
	1.2.2　品牌形象认知 7
1.3	品牌形象特征及类型 8
	1.3.1　品牌形象的特征 9
	1.3.2　品牌形象的类型 10
1.4	品牌调研与品牌策略 13
	1.4.1　品牌调研 13
	1.4.2　品牌策略 16
1.5	品牌文化与品牌形象 18
	1.5.1　品牌文化的概念 18
	1.5.2　品牌文化的建立与品牌
	形象的传达 18
1.6	品牌形象与品牌营销 20

 Part II　从品牌文化到品牌视觉形象设计

项目 2　标志设计——星海音乐厅形象视觉升级标志设计

2.1	项目目标 25
2.2	必备知识 25
	2.2.1　标志的基本概念 26
	2.2.2　标志的设计准则 26
	2.2.3　标志的分类 27
	2.2.4　标志的功能与作用 31
2.3	项目描述 32
2.4	项目实施 33

项目 3　标准字设计——"子非鱼"餐厅品牌形象设计

3.1	项目目标 39
3.2	必备知识 39
	3.2.1　标准字设计的概念 39
	3.2.2　标准字的功能 40

3.2.3 标准字设计的原则 40

3.2.4 标准字设计的类型 43

3.3 项目描述 45

3.4 项目实施 46

项目4 品牌标准色、辅助色设计——"巧手儿童益创工坊"品牌标准色设计

4.1 项目目标 55

4.2 必备知识 55

4.2.1 标准色设计的概念 55

4.2.2 标准色设计的功能 56

4.2.3 标准色设计的原则 56

4.2.4 标准色设计的类型 58

4.3 项目描述 60

4.4 项目实施 61

项目5 辅助图形设计——"草木染"蓝染文化品牌形象设计

5.1 项目目标 65

5.2 必备知识 65

5.2.1 辅助图形的定义 65

5.2.2 辅助图形在品牌形象设计中的重要地位 66

5.2.3 辅助图形的功能 67

5.2.4 辅助图形的分类 68

5.3 项目描述 69

5.4 项目实施 70

项目6 品牌吉祥物（IP）形象设计——京津中关村科技城旅游品牌吉祥物设计

6.1 项目目标 75

6.2 必备知识 75

6.2.1 品牌吉祥物形象的选择 76

6.2.2 品牌吉祥物形象简化与拟人化 79

6.2.3 品牌吉祥物形象的拓展与变化 81

6.3 项目描述 82

6.4 项目实施 83

项目7 企业专用印刷字体——"枣点"养生食品品牌形象设计

7.1 项目目标 91

7.2 必备知识 91

7.2.1 企业专用印刷字体的定义 91

7.2.2 印刷字体使用规定 92

7.3 项目描述 93

7.4 项目实施 94

项目8 VI 基本元素的组合规范及表现——"小汪糕点"品牌形象设计

8.1 项目目标 99

8.2 必备知识 99

8.2.1 VI 基本元素组合规范设计原则 99

8.2.2 VI 基本元素的组合规范 101

8.3 项目描述 104

8.4 项目实施 105

从品牌视觉到品牌应用

项目9　办公事务用品设计——"冀茶语"
　　　　奶茶品牌形象设计

9.1　项目目标 113

9.2　必备知识 113

　　9.2.1　办公事务用品的定义..... 114

　　9.2.2　办公事务用品在品牌形象
　　　　　 设计中的重要地位 114

　　9.2.3　办公事务用品的内容..... 114

　　9.2.4　办公事务用品设计的
　　　　　 原则 125

9.3　项目描述 126

9.4　项目实施 127

项目10　品牌形象宣传识别设计——"裁
　　　　 云剪水"手工馆品牌形象设计

10.1　项目目标 145

10.2　必备知识 145

　　10.2.1　宣传识别设计的概念... 146

　　10.2.2　宣传识别设计的分类... 146

10.3　项目描述 152

10.4　项目实施 153

项目11　环境识别设计——珠江·禧悦府
　　　　 住宅区文化品牌形象设计

11.1　项目目标.................... 165

11.2　必备知识.................... 165

　　11.2.1　环境识别的定义......... 165

　　11.2.2　企业环境设计 166

　　11.2.3　商业环境设计 167

　　11.2.4　环境信息视觉导向设计....169

11.3　项目描述.................... 172

11.4　项目实施.................... 172

项目12　品牌形象手册设计与制作——
　　　　 葫芦小镇品牌形象设计

12.1　项目目标 183

12.2　必备知识 183

　　12.2.1　品牌形象手册的
　　　　　　编制原则 184

　　12.2.2　品牌形象手册的
　　　　　　编制形式 184

　　12.2.3　品牌形象手册的
　　　　　　编制内容 185

12.3　项目描述 188

12.4　项目实施 188

品牌推广案例解析

项目 13　奥林匹克运动会视觉识别
　　　　系统设计

项目 14　草间弥生美术馆的视觉系统设计

项目 15　第九届深港双城双年展视觉系统
　　　　设计

项目 16　小米品牌视觉系统设计

项目 17　杭州博物馆的视觉系统设计

项目 18　得到视觉系统设计

Part I

企业与品牌形象识别

　　品牌形象与企业的关系密不可分，它是企业品牌特征的直观展现，反映了企业的核心竞争力和本质特性。形象构成了品牌的基石，因此，企业必须高度重视品牌形象的塑造。品牌形象是消费者对品牌所有联想的集合，它映射出品牌在消费者心智中的形象。品牌联想的形成是企业各项活动的综合结果，消费者对品牌的认知和联想可以通过多种渠道逐渐建立。

项目1 了解品牌形象

1.1 项目目标

品牌形象反映了企业或品牌在市场及公众意识中所展现的独特风貌，代表了公众尤其是消费者对品牌的感知与评价。在消费者心目中，品牌不仅代表着产品的品质，还蕴含着仪式体验、偶像效应、社会认同等深层次的情感联系。本项目旨在通过深入分析各类品牌形象案例，综合比较它们的共性与特异性，从而准确界定品牌形象设计的关键理论与创新途径。内容上力求在视觉层面促进品牌个性化，提升品牌辨识度，并构筑一个既科学又高效的品牌形象设计体系。

能力目标：通过本项目的学习，读者可以了解品牌形象的作用及意义，明确品牌形象体系及企业与品牌之间的相互关系，掌握品牌形象设计层面的基础理论知识，为品牌形象设计的实践操作奠定坚实的基础；同时培养读者的信息搜集与处理技巧、独立学习的能力及批判性思维。

思政目标：随着"品牌强国"战略的提出及中国设计能力的显著提升，中国企业的品牌设计能力与影响力正日益增强。通过对中国企业品牌形象设计层面的深入分析与思考，我们能够感受到中国设计风格与传统文化之间的融合，这不仅能进一步增进文化认同感，而且有助于培养学生的人文底蕴、文化自信、实践创新能力等核心素养。

1.2 企业形象识别与品牌形象认知

品牌是企业发展到一定阶段的产物，品牌的基础是产品，品牌的核心竞争力则是与消费者建立深层情感联系。这种情感联系的建立，需要通过多样化的方式和多维度的接触逐步构建。作为人类五感中最直接且最具影响力的交流方式，视觉能够有效地传达企业的理念和产品特性，并将其具象化和形象化。品牌形象能引导消费者进行品牌联想，让消费者在见到品牌形象时立即想到品牌的独特特质，激发消费者的购买欲望。

1.2.1 企业形象识别

企业一般是指以营利为目的，运用各种生产要素，向市场提供商品或服务的社会经济组织。企业对外界宣传并与大众接触时，就需要形象识别系统的帮助。企业形象识别系统（corporate identity system，CIS）是将企业内部对自我的认识与企业外部大众对企业的认识达成一致的一套独特体系。通过形象识别系统，企业能在公众意识中形成认知度，建立对企业的总体印象（见图1-1）。

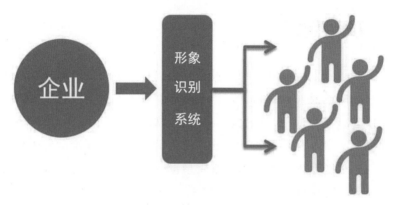

图 1-1　企业形象识别系统诠释

企业形象识别系统包含三个组成部分：理念识别（mind identity，MI）、行为识别（behavior identity，BI）和视觉识别（visual identity，VI）（见图1-2）。

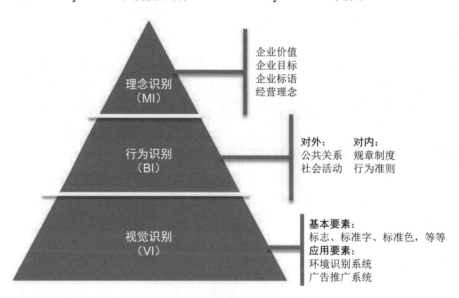

图 1-2　企业形象识别系统构成

1. 理念识别

从理论角度讲，企业的经营理念是企业精神的精髓，是企业哲学和企业文化的集中体现，同时也是整个企业识别系统的核心和基础。企业的经营理念应当反映企业存在的社会价值、追求的目标以及经营的内容。在向公众传达时，应通过尽可能简洁明了、易于企业内外接受、易懂易记的语句来表达。

例如，"就在你身边，赢在健康快乐"是娃哈哈企业的品牌理念，其寓意着健康与快乐是娃哈哈永恒的追求：健康是每个人的基本需求，快乐则无所不在。娃哈哈始终陪伴在您身边，无论是现在还是未来。娃哈哈的产品见图1-3。

图 1-3　娃哈哈集团有限公司旗下产品（来源于娃哈哈官网）

2. 行为识别

企业行为识别是指企业在内部协调和对外交往中应遵循的一套规范性准则。这种准则体现在全体员工一致的行为习惯中。员工的每一个动作和姿态都应视为企业行为的体现，它们折射出企业的经营理念和价值取向。对内，这包括新产品开发、文明礼貌规范等方面；对外，则涵盖市场调研、各类报表编制、公关活动准则，以及与金融单位、上下游合作伙伴和代理商的互动准则等。

例如，娃哈哈在其企业价值观中提出的人才观为"正直、专业、奋斗、创新"。通过官方渠道，娃哈哈强调企业文化的重要性，并将社会责任融入其中，如建立慈善基金会、捐资助学等（见图1-4）。

图 1-4　娃哈哈企业文化（来源于娃哈哈官网）

3. 视觉识别

为了将企业形象传播出去并将产品销售给大众，企业必须依赖视觉识别系统。传播的效果完全取决于设计是否能够被社会大众识别、留下深刻印象，并得到广泛接受。视觉识别是一个严谨而完备的系统，其特点在于具有清晰的"视觉冲击力"和准确的"信息传达力"，以实现品牌识别的目标。

例如，儿歌《娃哈哈》的旋律源自一首新疆民歌，创始人宗庆后凭借其独到的眼光选择了这个名称，理由如下：①"娃哈哈"三个字中的元音"a"是孩子们最早、最容易发出的音节，易于模仿，且发音响亮，音韵和谐，便于记忆和接受；②从字面上理解，"哈哈"代表笑声，是人们在高兴、开心时的自然反应，表达了快乐的心情；③同名儿歌以其欢快、明亮的旋律和鲜明的民族特色，在国内外广泛传唱，将这首广为人知的民歌与产品商标相结合，便于人们熟悉、想起并记住品牌，从而提升品牌知名度。简而言之，这样一个独特的商标名称能够有效缩短消费者与商品之间的心理距离。宗庆后的这一见解获得了众多专家的认可。在商标命名之后，企业还精心设计了两个活泼、可爱的娃娃形象作为商标图形，实现了商标名称与商标形象的完美融合（见图1-5、图1-6）。

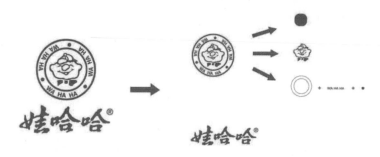

图 1-5　娃哈哈标志分解

图 1-6　娃哈哈宣传海报（来源于网络）

1.2.2　品牌形象认知

企业识别系统是企业最基础的形象识别体系，它不仅呈现了企业的专业性，还体现了企业形象的全面性。面对瞬息万变的市场和众多同类型产品的竞争，企业迫切需要构建一个直接、清晰的品牌形象，以吸引目标消费群体。品牌形象是一个介于产品和企业之间的概念，它不仅传达了商品的特性，也渗透了企业的文化和价值观。通过人类感官中最直观的视觉传播，品牌形象能够有效地促进产品销售，并最大化企业的宣传效果。

以蒙牛乳业（集团）股份有限公司为例，面对中国消费市场的持续升级，蒙牛不断细分市场，形成了四大系列 400 多个品项。继高端牛奶产品特仑苏之后，蒙牛又推出了未来星儿童牛奶、蒙牛真果粒，以及获得"国食健字号"认证的冠益乳、优益 C 等高端系列新品。

为了让消费者更容易区分产品，并在与同类品牌的竞争中脱颖而出，蒙牛乳业无论是企业本身还是旗下各品牌，都建立了视觉清晰、定位明确的品牌标志。消费者通过这些品牌形象，能够迅速识别出产品的类别和生产企业（见图 1-7）。

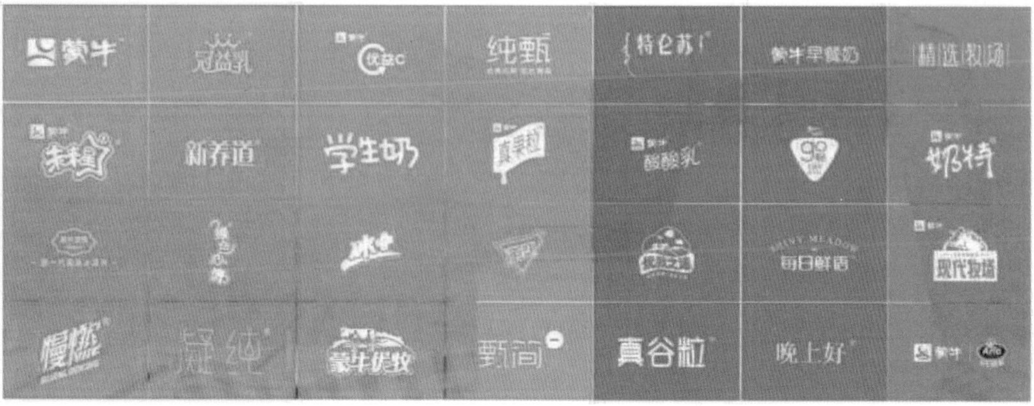

图 1-7　蒙牛乳业部分品牌标志（来源于蒙牛乳业官网）

设计离不开"功能性"与"审美性"两个目标，品牌形象同样适用这一原则。随着社会的不断发展，人们的审美也在发生变化，单纯的"美"已经不足以区分同类产品，也不足以让消费者产生强烈的消费欲望，产品与消费者都需要更为个性、独一无二的"独特性"设计。良好的品牌形象就是建立在品牌的"功能性"与"独特性"之上的（见图1-8）。

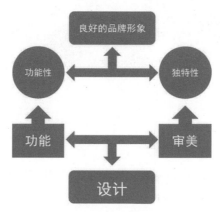

图 1-8　良好的品牌形象体系

1. 品牌的功能性

从消费者角度看，其购买的品牌产品或服务主要用于满足功能性需求。例如，购买吹风机是为了满足吹干头发的需求；购买家政服务是为了满足家庭清洁、减轻负担的需求。品牌将这种有形的功能性需求与品牌形象紧密联系起来，使消费者一接触品牌，就能马上与自身需求相结合，促成消费。

2. 品牌的独特性

品牌的独特性是指企业与设计者赋予品牌的独特魅力，用于反映企业与产品的精神内涵，同时满足消费者彰显身份、展现个性、追求时尚的心理需求。例如，小米的品牌理念是"为发烧而生"，它通过高性价比的产品和互联网营销模式在市场上快速崛起，塑造了一个年轻、充满活力、创新的品牌形象。

1.3　品牌形象特征及类型

品牌形象需要消费者用视觉来加以识别、区分。通过精心设计的图形、色彩与文字的组合，品牌能够以最直观的形式传达产品信息，展示独特文化。创造品牌认知，激发品牌联想，并培养消费者对品牌的依赖，这些因素共同作用，能够显著提升企业的品牌价值。

1.3.1 品牌形象的特征

品牌形象具有以下特征。

1. 主观性

品牌形象主要通过视觉识别在消费者头脑中形成主观印象，是消费者对品牌"感知→理解→联想"的综合理解，同一品牌面对不同的消费者，也会反映出不同的品牌形象。

2. 客观性

虽然品牌形象依赖消费者的主观印象，但这一印象的形成并不单单来源于视觉。影响品牌形象的好坏还包括产品质量、服务质量、技术水平、广告风格、文化理念等客观因素。

3. 稳定性

品牌形象最重要的目的是形成良好的品牌信誉，代表企业与品牌在消费者心中建立稳定的印象，这种印象需要长期的、潜移默化的影响，这就限定了品牌形象必须长期保持一定的形态，不能经常变化。

例如 QQ 音乐的品牌标志，经历了三次调整，但每次调整都保持了黄色圆形与绿色音符的基本形态（见图 1-9）。

2014年2月之前

2014年2月—2018年10月

2018年10月以后

图 1-9　QQ 音乐品牌标志演变历史（来源于网络）

4. 发展性

品牌形象也需要随着时代的发展、企业和产品的更新进行调整与变化。根据市场的新需求、消费群体的心理与审美变化、企业和产品的新定位等因素，需要对品牌形象做出具体调整。

还以 QQ 音乐的品牌标志为例，早期互联网 App 的标志普遍运用模拟三维的设计手法呈现出科技的进步与发展；到中期，互联网已经普及，更为干净简洁的二维扁平化设计成为主要趋势，对比复杂的三维设计，它给人耳目一新的感觉，并且提出"听我想听的歌"这一从消费者个性出发的品牌标语；到 2018 年，产品定位更加生活化，提倡"让生活充满音乐"，音符形态更为流畅，整体色调更为轻盈。

5、传播性

品牌形象的建立离不开传播。在互联网时代，传播途径变得更加广泛与多样化，不同的消费群体接收信息的主要途径也越来越多分，除传统的海报、电视广告、宣传册等媒介之外，又创新出沉浸式体验、互动游戏、快闪活动等新颖的传播途径。品牌须考虑消费群体特性并结合品牌自身特色，选择合适的宣传媒介，多方位、高频率地进行传播。

1.3.2 品牌形象的类型

美国的畅销书作家卡罗·皮尔森（Carol S. Pearson）根据十二种人格特征的框架，对品牌形象进行了总结，划分出十二种品牌形象。这十二种品牌形象基于以下两条标准："向往归属感还是独立感""追求稳定还是追求挑战"。在这两条标准之上，划分出四个区域，每个区域又包含三种品牌形象的类型，于是衍生出的十二种品牌形象分别是领导者、服务者、创造者、平凡者、爱心者、娱乐者、英雄、魔法师、叛逆者、童真者、探险家、智慧者（见图1-10）。

例如，中国银行的标志由香港著名设计师靳埭强先生设计，巧妙融合了中国传统文化元素与现代设计语言。该标志采用了中国古代钱币"外圆内方"的形态，这不仅体现了中国文化中"天圆地方"的哲学思想，也象征着中国银行全球分支机构的广泛覆盖。标志中心的方孔，通过上下加入一根垂直线，巧妙地形成了"中"字形状，如同古代串联钱币的红线，寓意着联系与全球化发展。在设计时，考虑到电脑化联营的背景，方孔的长宽比例与当时电脑屏幕的长宽比例相匹配，这代表了中国银行在现代化进程中的领先地位。整体设计简洁而稳重，易于识别，且充满了浓厚的中国风情（见图1-11）。

中国银行作为中央管理的大型国有银行，其行业属性与文化理念强调稳定性。品牌形象类型的明确性有助于在设计上把握方向，追求简洁大气的风格。中国银行的标志在图形形态、色彩选择以及文字与图形的组合上，都遵循着稳定的构成形式，体现出领导者的精神内涵和行业属性。

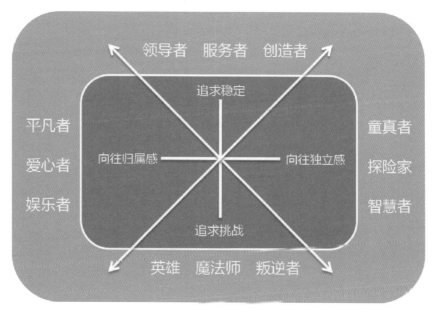

图 1-10　十二种品牌形象类型

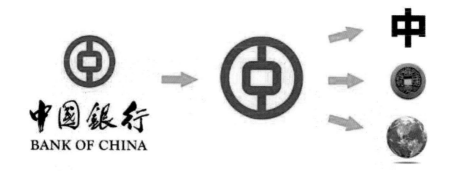

图 1-11　中国银行标志分解

再如娃哈哈旗下的 pH 9.0 苏打水饮品。从品牌形象的角度分析，在 2018 年，娃哈哈在经典款苏打水的基础上，推出 pH 9.0 苏打水饮品。它采用纳米级水净化综合过滤系统，结合先进的电解水工艺，使产品 pH 在达到 9.0 的同时，又能做到 0 卡路里，是一款更适合现代人轻简生活需求的健康饮品。标志部分采用圆角的英文字体与汉字结合，选择更加富有青春气息的色彩，非常贴合年轻群体的喜好（见图 1-12）。

又如娃哈哈旗下的晶钻水饮品。从品牌形象的角度分析，在 2015 年，娃哈哈推出了晶钻装纯净水，瓶身呈现如同钻石般的构造，配合纯净无瑕的水质，在阳光下闪亮通透，典雅尊贵（见图 1-13）。

图 1-12　娃哈哈旗下苏打水饮品（来源于网络）　　图 1-13　娃哈哈旗下晶钻水饮品（来源于网络）

　　还如营养快线是娃哈哈于 2005 年上市推广的一款饮品，它将纯正果汁与香浓牛奶完美结合，掀起了行业创新的浪潮，"早上喝一瓶，精神一上午"的口号至今脍炙人口。2013 年其销量突破 200 亿元，创造了国内饮料单品销量奇迹，是当之无愧的"超级单品"。瓶子的造型选择多棱形，以方便抓握；色彩上与之相对应的口味呼应，便于选择（见图 1-14）。

图 1-14　娃哈哈旗下营养快线饮品（来源于网络）

1.4　品牌调研与品牌策略

品牌形象设计的过程不是凭空创造的，而是在充分搜集素材和资料的基础上，进行深入分析与思考的结果。通过调研，我们重新审视品牌成长过程，掌握市场环境动态与消费者需求变化等信息，对这些信息进行梳理与分析。结合品牌自身的认知，我们为品牌策略的构建提供了坚实的数据支撑。此外，调研的针对性与深入程度对品牌策略的制定也起到了十分重要的导向作用。

1.4.1　品牌调研

在品牌形象设计的初期，会进行大量的品牌调研工作，甚至会找专门的品牌调研公司协作完成，以确保调研的真实性与专业性。调研内容也会根据品牌决策内容的需求而有所不同。

1. 品牌内部调研

要打造一个面向未来的品牌，需要针对现在与过去的发展历史及发展趋势进行自我认知调查，也就是品牌内部调研。其主要针对品牌自身展开，运用科学的方法（如员工访谈、调查问卷、品牌年报等），从不同角度、不同层面了解品牌历史、品牌理念、核心技术等内容，并结合专业的分析手段（如 SWOT 分析，详见知识拓展），建立一个相对完备的品牌认知体系。

在调研中，梳理品牌过去出现的各种问题，例如核心竞争力定位不明确、标志过于老旧、传播范围有局限性等。这些问题还可以细分成品牌理念、品牌文化、核心技术、产品优势等顶层抽象问题，以及品牌标志、产品类别、包装及成本、色彩规划、销售渠道、店面展示、网站设计等落地执行的具象问题。无论是抽象层面还是具象层面的问题，它们都是塑造品牌形象重要的一部分，对品牌的未来发展产生了深远影响（见图 1-15）。

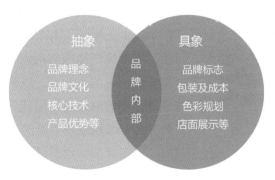

图 1-15　品牌内部调研的途径与内容

2. 品牌外部调研

品牌内部调研是针对品牌的制造、销售与服务环节；品牌的外部调研则是对品牌在市场和消费者中的认知、购买与反馈等外界因素的调研与分析，例如区域政策、流行趋势、市场情况、竞争对手、消费者情况等。其中最主要的是市场调研与消费者调研两部分（见图1-16）。

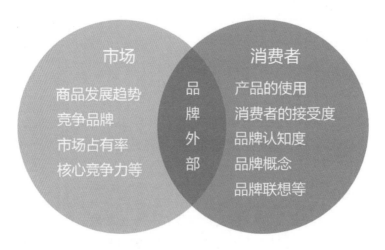

图 1-16　品牌外部调研的途径与内容

1）市场调研

品牌市场是按照品牌产品的需求进行生产、经营、消费的场所。按照不同的标准，可分为行业品牌市场与区域品牌市场。

（1）行业品牌市场非常多，世界上有多少个行业，就可以找出多少个行业的品牌市场，如汽车品牌市场、地产品牌市场、日化品牌市场、食品品牌市场、旅游品牌市场等。

（2）品牌生存的领域和空间会形成一定的区域品牌市场，不同的区域又存在不同的文化与生活习惯，这些特性会直接影响产品与品牌形象。例如，海尔是一家主要生产家用电器的跨国公司，它通过对不同区域市场的深入研究，调整其产品线和品牌形象，以满足全球各地消费者的特定需求。在中国本土市场，海尔深谙中国消费者对家电产品的质量和可靠性有极高的要求，因此，强调其产品的耐用性和高效性。例如，海尔推出的洗衣机和冰箱都强调节能省电和长期使用的可靠性，以满足中国家庭的实际需求。进入美国市场时，海尔意识到美国消费者更偏好具有创新功能和时尚设计的家电产品，因而调整了产品策略，推出了更多具有高端技术、智能化操作和现代化设计的产品，如智能冰箱和一体化洗衣干衣机，以迎合美国消费者的喜好。在欧洲，海尔考虑到欧洲消费者对家电产品的环保标准和能效要求较高，便推出了一系列符合欧洲能效标准的节能产品，并在产品设计上融入了欧洲的简约风格，以适应当地市场。

对市场的调研有利于掌握市场动态，预判市场趋势，明确品牌竞争力，调整经营策略等；在品牌形象的设计层面，通过详尽的市场调研能够大体推算出本行业既定的气质特性，如大型能源行业稳重、可靠的气质，食品行业美味、卫生的气质。这样的气质特性会深刻影响设计时的方向与最终呈现效果，使消费者一接触到品牌形象便能够与本行业形成既定联想。

2）对消费者调研

一个成功的品牌是建立在对消费者与公众认知的基础之上的，对品牌的消费者展开调研更具直观性与针对性。调研的对象也不单单是产品的消费者，还有大量的潜在消费者、中间商等人员。消费者的调研范围也十分广泛，除了围绕品牌进行的调研以外，还要围绕消费者本身进行调研。

（1）围绕品牌进行调研，其核心是从产品与品牌自身出发，采用多样化的调研方法来收集消费者的反馈信息，进而整理成数据集。调研的主要内容有产品的使用感受、产品的接受度、品牌认知度、品牌概念、品牌联想等。

（2）围绕消费者进行调研，主要是从消费者自身角度出发，了解消费者的消费目的、心理需求、审美变化及消费趋势等。

产品生产策略的制定和形象的建立都是为了把企业生产的产品或服务销售出去，卖给消费者，因此，从消费者的层面进行分析与思考是十分必要的。以消费者的视角审视市场与产品，挖掘潜在的消费需求，提前调整产品，可形成能够引领消费者甚至创造新消费需求的产品。例如手机行业，从手机功能的不断增加到手机外形、开启方式的多种变化，再到触屏尺寸以及现在摄像的高清与稳定性，都是基于潜在的消费需求。消费者虽然没有对产品提出这些方面的明确诉求，但企业通过调研先一步发现了这些潜在的需求，提前对产品进行更新，引领了市场新的消费潮流。

3. 品牌调研的步骤与方法

品牌调研内容繁多，又因不同行业、不同策略的需求影响，在调研内容上会有多种变化。并且随着新媒体的发展，调研方法更加多样化，范围也更加广泛，包括从传统的调查问卷、走访谈话的形式，到结合互联网衍生出的各类小程序、互动游戏等种类繁多、形式多样的新方法。总体来说，品牌调研基本遵循以下步骤与方法（见图 1-17）。

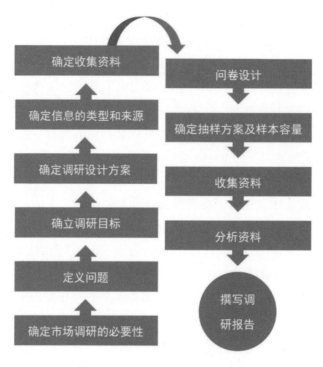

图 1-17　品牌调研的步骤与方法

1.4.2　品牌策略

　　品牌策略是指企业将品牌视为核心竞争力，旨在通过差异化的品牌优势来获取超额利润和价值的企业运营策略，它是企业实现快速发展的关键所在。通过精准的品牌定位和有效的品牌管理，企业能够展现其品牌文化，传递品牌理念。品牌策略包含以下六个方面的内容，如图 1-18 所示。

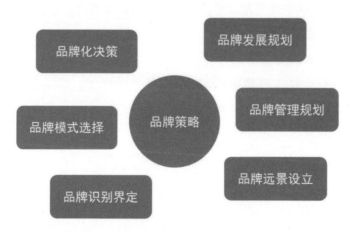

图 1-18　品牌策略包含的内容

1. 品牌化决策

品牌化决策确定的是品牌的基本发展方向与结构组成。例如，制造商品牌更多的是为经销商提供源头工厂的品质保障，注重产品研发与技术支撑；自创品牌会面临更多来自消费市场的冲击与挑战，需建立良好的品牌形象，强调文化传承与创新，以应对市场竞争的冲击；加盟品牌则需要在品牌组织结构、品牌管理方面进行着重规划。品牌化决策更像是为品牌选择要走的道路，为品牌的理念建立、形象识别和经营管理铺设轨道。

2. 品牌模式选择

品牌模式选择确定的是品牌的组织结构，是在对企业核心能力与核心资源、市场环境和消费者趋势进行分析的基础上建立的一套品牌经营系统。例如，传统家具店的经营模式是将货品一一摆放在一个大型空间内供消费者选择，销售员跟在消费者身边进行讲解，这样的经营模式既耗费人力和空间，又使消费者难以感受到产品的搭配效果；宜家家居则会将品牌内的产品进行组合搭配，为消费者模拟一个美好的家居场景，并可以通过互联网与小程序自主下单，在有需要的时候可以通过软件呼叫销售人员，这样的品牌经营模式，将产品优势最大化呈现的同时，也节省了人力资源。

3. 品牌识别界定

品牌识别界定确定的是品牌的内涵，即企业希望在消费者心中建立的品牌形象。品牌识别界定可以通过企业形象识别系统（详见 1.2.1 小节），从理念识别、行为识别与视觉识别三个方面规范品牌的思想、行为、外表。品牌识别界定是品牌策略的重心，也是品牌与消费者接触的重要环节与途径。

4. 品牌发展规划

品牌的确立仅仅是起点，品牌未来的发展则是维持其持续价值的关键。因此，制订清晰且合理的长远规划至关重要。品牌发展规划的内容涵盖了多个层面，包括品牌未来的竞争领域、市场趋势的演变、潜在风险的预测，以及产品线的布局、产品研发与创新、产品整合策略，同时还涉及品牌形象的维护与提升、应用领域的拓展等多个方面。

5. 品牌管理规划

品牌管理规划确定的是与品牌发展规划相对应的组织机构，以及管理机制的调整与规划，即对应品牌发展节点，适时调整管理机制，从内部支撑品牌的发展，跟上品牌变化的速度，并且为品牌发展各个阶段建立更为具体的目标与评定标准。

6. 品牌远景设立

相对于品牌发展规划，品牌远景更多的是站在精神层面进行展望，是对品牌的现存价值、未来前景和信念准则的界定，是面对万千变化中不变的"指路明灯"。无论品牌选择何种组织形式，变换何种经营策略，或是市场趋势如何起伏、消费需求如何变化，品牌远景都是品牌要达到的最终目的。

1.5 品牌文化与品牌形象

1.5.1 品牌文化的概念

文化是人类在社会历史发展过程中创造的物质与精神财富的总和，涵盖了信仰、价值观、宗教、社会行为模式、美学、艺术、风俗习惯等方面。在人类生活的每一个时刻，文化都扮演着至关重要的角色。

品牌文化是基于品牌理念，通过赋予品牌深刻且丰富的文化内涵，确立鲜明的品牌定位，并借助各种强大而有效的内外部传播渠道，使消费者在精神上对品牌产生高度认同，从而建立品牌信仰，最终形成坚定的品牌忠诚度。品牌文化是品牌在经营过程中逐渐积累的文化底蕴，它体现了品牌自身的价值观和世界观，是一种能够引发消费者精神认同和共鸣的文化，能够持续地吸引消费者信仰该品牌的理念，进而形成强烈的品牌忠诚度。

1.5.2 品牌文化的建立与品牌形象的传达

1. 品牌文化的建立

品牌文化的核心是文化内涵，它凝聚了品牌的价值观念、生活态度、审美情趣、个性修养、时尚品位、情感诉求等精神象征。品牌文化的构建是通过创造产品的物质效用与品牌的精神内涵来实现的。它不仅仅停留在表面形式上，更是一个企业对社会所承担的责任体现。在企业的不断成长过程中，这种责任被深化、扩展，能够超越时空的限制，为消费者带来更高层次的需求满足、心灵慰藉和精神寄托，从而在消费者心灵深处形成潜在的文化认同和情感眷恋。

2. 品牌形象的传达

品牌形象是品牌文化构建与传播的关键媒介。文化作为一种抽象且精神层面的概念，需要通过更为具体的载体来展现，视觉元素则是最直接的表现手段。品牌形象作为品牌文化的具体体现，不仅展现在标志、包装等视觉元素上，还涵盖了宣传和推广的各个层面。

例如，1898 年诞生于中国香港的雙妹化妆品牌（见图 1-19）1903 年正式登陆上海滩。31915 年，雙妹经典产品"粉嫩膏"在美国旧金山巴拿马世博会上斩获金奖，因

此获时任中华民国总统黎元洪的亲笔题词：材美工巧，尽态极妍。巴黎时尚界更是用
VIVE（极致）盛赞双妹的完美（见图1-20）。进口的上好原料、低廉的价格使得双妹
迅速在上海滩站稳了脚跟，其精心的宣传包装也为双妹打开广阔市场添了一把火，成
为美颜产品中的翘楚。

图 1-19　双妹新标志（来源于网络）

图 1-20　双妹月份牌（来源于网络）

后因战乱，双妹逐渐淡出了上海滩，踪影难寻。直至 2010 年，双妹品牌经上海家
化公司激活才重现世人面前。上海家化公司励志通过双妹品牌"复兴一个城市，复兴
一个品牌，复兴一段文化，复兴一个记忆"。其针对的消费群体为高端收入人群，设
计核心围绕双妹承载的 100 多年的历史与老上海文化，品牌以老上海时期的名媛姐妹
为形象，提出"东情西韵，传世之美"的品牌标语（见图1-21）。

图 1-21　上海家化公司双妹新标志（来源于上海家化公司官网）

雙妹通过多种宣传方式，试图让"旗袍少女"复活，成为海派高端时尚品牌的一种形象代表。雙妹立足国潮不断进行联名与跨界合作，如雙妹 × 张裕跨界联名打造"醉"新国货。本次跨界合作，源于雙妹与张裕共有的"中西合璧"品牌基因与相似的品牌历史。这款限量版联名干红，选用张裕引以为傲的第九代解百纳特选级。定制款解百纳酒标采用红、黑的经典配色，通过手绘漫画形式，融合老广告的场景，张裕印章 Logo、雙妹人物等元素跃然纸上，复古又时尚（见图 1-22）。同时，此次的宣传海报分别以民国时期丁云先所画的张裕老广告和杭樨英所画的雙妹老广告为底版，进行了跨界对调。通过本次跨界合作，张裕解百纳和雙妹唤醒了大家心中的经典记忆。当过去流行的经典融入现代的元素，国货也能变成"潮品"，俘获众多年轻消费者的心。

图 1-22　雙妹 × 张裕联名海报（来源于网络）

上海家化公司用现代人的语言重新描绘传统和贵气，用前瞻性的眼光将雙妹打造成以上海名媛文化为个性的中国首个高端时尚跨界品牌。雙妹新形象的树立，大大提升了国人对本土品牌的认知与喜爱之情。从某种程度上来说，雙妹的重塑填补了国内国有产品国际化的空白，提升了国货的文化品位。

1.6　品牌形象与品牌营销

一个品牌的建立最直接的目的是促进销售，其中不仅指销售产品，也指销售文化与形象。品牌形象在建立的过程中需要考虑未来营销的方向与市场可能性，并在视觉层面兼顾品牌营销需要的视觉支持。例如，平面广告需要适应不同尺寸的海报排版设计，广场大屏需要拍摄相应尺寸的动态画面，快闪活动需要设计空间，跨界联名需要对产品和包装进行融合调整。

随着营销渠道的拓展，与社交网络、直播互动、物体识别技术、AR 技术、H5 技术等相融合的营销模式层出不穷，极大地丰富了品牌接触消费者的途径，这也对品牌形象尤其是视觉形象提出了更高的要求。

例如"苏宁：承诺胶带"宣传营销活动。当越来越多有关动物保护的公益广告出现在机场、地铁、公交等公共场所时，一种新型媒体却被忽略了，那就是快递盒子。快递盒子上的胶带作为一种传播载体，具备海量传播、简单触达的特点。基于此，凤凰网联合爱心企业苏宁、国际爱护动物基金会（IFAW）共同发起"承诺胶带"公益倡导活动。"承诺胶带"以苏宁易购庞大的物流网络为承载渠道，倡导消费者对野生动物制品说"不"（见图 1-23）。

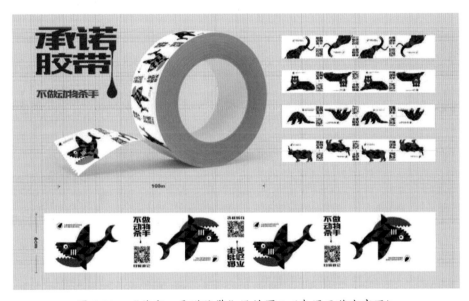

图 1-23　"苏宁：承诺胶带"设计图 1（来源于苏宁官网）

以快递胶带为媒介，将印有鲨鱼、大象、犀牛、老虎等动物卡通形象的胶带纸作特殊处理，当收件人划开胶带时会出现红色液体，犹如动物被屠杀后而露出的血痕。扫描胶带上的二维码可在网页页面上浏览这些动物对环境保护和人类生存的重要性信息。接着可按键承诺"不购买，不做动物杀手"并转发此链接。这种极具创意和震撼效果的公益宣传形式，让人们在感官上对杀戮动物有了更直观的体验，同时，也在无形中传递了"保护野生濒危动物"的公益理念（见图 1-24）。自项目上线以来，"承诺胶带"页面浏览量和苏宁易购品牌认同度均得到显著提升，极具创意的胶带设计和极具创新价值的互动形式赢得了消费者的好感。

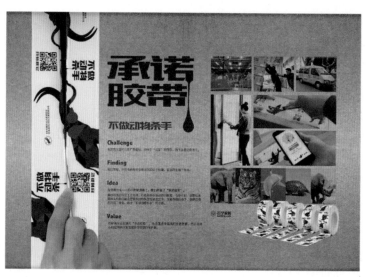

图 1-24 "苏宁：承诺胶带"设计图 2（来源于苏宁官网）

知识拓展

  SWOT 分析是一种基于内部和外部竞争环境的态势分析方法。它通过调查和列举与研究对象密切相关的各种主要内部优势、劣势和外部机会、威胁等，并依照矩阵形式进行排列，把各种因素相互匹配加以分析，从中可以得出一系列结论。运用这种方法，可以对研究对象所处的情境进行全面、系统、准确的研究，从而根据研究结果制定相应的发展战略、计划及对策等，其研究结论通常带有一定的决策性。

- S（strengths）是优势，是组织机构的内部因素，具体包括有利的竞争态势、充足的财政来源、良好的企业形象、技术力量、规模经济、产品质量、市场份额、成本优势、广告攻势，等等。

- W（weaknesses）是劣势，也是组织机构的内部因素，具体包括设备老化，管理混乱，缺少关键技术，研究开发落后，资金短缺，经营不善，产品积压，竞争力差，等等。

- O（opportunities）是机会，是组织机构的外部因素，具体包括新产品、新市场、新需求、外国市场壁垒解除、竞争对手失误等。

- T（threats）是威胁，也是组织机构的外部因素，具体包括出现新的竞争对手，替代产品增多，市场紧缩，行业政策变化，经济衰退，客户偏好改变，发生突发事件，等等。

  SWOT 分析方法的优点在于考虑问题全面，是一种系统思维，而且可以把对问题的"诊断"和所开的"处方"紧密结合，条理清楚，便于检验。

Part II

从品牌文化到品牌视觉形象设计

　　品牌文化倡导的是一种价值观，一种生活方式，它受审美需求、消费观念、生活方式等众多因素影响；而视觉形象设计是在了解品牌文化的前提下将品牌定位与核心价值进行符号化、系统化的视觉表现，并且进行有目的、有计划、系统的传播。有人说品牌文化是灵魂，视觉形象设计是外在表现。品牌文化确定了视觉形象设计的内涵，视觉形象设计是对品牌文化的视觉符号化，两者紧密联系，又相互影响、相互制约。

项目2 标志设计——星海音乐厅形象视觉升级标志设计

2.1 项目目标

在企业视觉形象的整体设计过程中，标志设计通常是创作的核心。标志将企业形象中特定的事物或形象简化、抽象成一种特有的图形符号，利用视觉语言的表达，为其赋予丰富的信息与特定的意义。这些视觉识别符号能够更加直观地表达企业的整体特征或文化属性。整体的视觉形象展现要使受众在观看时能够产生相应的联想，引起情感上的共鸣，从而达到识别品牌商品或认同品牌文化的目的。本项目将结合具体的标志设计案例，对标志的设计准则、分类及功能等内容进行具体分析，以建立对品牌标志的综合认知，更好地塑造品牌形象。

能力目标： 通过本项目内容的学习，了解标志设计的基本定义、具体功能与形式分类，掌握标志的具体设计流程，体会企业标志的设计步骤。

思政目标： 现代平面设计的新突破与新展现，对今后与传统文化的结合及发展有着更多积极影响，以小见大，继承创新，自强革新。

2.2 必备知识

伴随着近年来中国经济的突飞猛进，越来越多能代表我们大国形象的企业与品牌应运而生。标志也在其中起到了举足轻重的作用，它通过极富感染力的视觉形象与生动的创意设计，为众多的企业创造了行业神话。标志在平面设计领域占有十分重要的位置。它通过简洁的形象，融合图形、色彩、文字，并结合心理学、社会学等多项专业基础知识，运用视觉艺术语言，实现了特定信息的有效传达。

2.2.1 标志的基本概念

1.标志的概念

标志是经过精心设计的符号，其中蕴含着实用、高效的信息传达功能，也体现了艺术、普世的审美流行趋势。

2.标志的定义

标志是一种既可以具象也可以抽象的图形符号，具有特定的象征意义，能够代表特定的事物、形象或传达特定的含义。

在企业与品牌形象塑造中，标志设计是基础且关键的环节。它通过视觉外化的方式，将企业自身形象延伸至更广泛的领域。标志设计至关重要，因为它能够将品牌的核心价值转化为简单易懂的符号，以便进行广泛传播。标志不仅代表了企业的经营理念和文化，而且由于其直观的视觉表达，加强了品牌与受众乃至社会之间的紧密联系。

2.2.2 标志的设计准则

标志的设计准则，其实就是对自身的概念和定义的具体体现。其目的是利用极其有限的空间，概括、凝练地表达出丰富的含义。在设计标志时，需要注意以下几点。

1.标志是一种图形化的符号

图形与符号更容易也更适合在不同的文化当中进行广泛的传播。文字虽然也是信息传播过程中的一种方式，但是图形的特点使其超越了文字与语言的传递速度，可以快速在受众的脑海中形成一种清晰的认知。因此，不能直接使用企业的名称或文字来直接替代标志，而是需要将文字形式改为图形化的符号。利用图形化的符号，可将企业与品牌的经营理念在传播的过程中更直观地呈现在大众面前。

2.标志是特定概念的符号体现

标志的形式变化多样，但其核心内容是精准表达企业的经营理念与品牌的文化特色。设计师在经过提炼、概括、浓缩、简化等一系列的艺术处理之后，在草稿、初稿、定稿、成稿中的每一步都围绕着企业期望呈现的核心内容进行设计，最终将代表着不同企业与品牌的标志以最完美的造型呈现给大家。这也是利用标志来体现不同企业之间的差异，标识事物之间的不同意义，借此突出企业特征。

3.标志需要广泛的适应性

标志在进行设计与制作时，需要考虑广泛的适应性，以便应对企业与品牌在使用过程中的各种需求。针对不同的表现形式、应用场景，标志需根据具体的情况放大或缩小；针对印刷要求、制作手法，标志要调整成黑白或彩色的不同效果；针对不同的地域文化、国际交流方式，标志也要考虑能够最大限度地被更多受众理解和熟悉。这些是设计师在设计标志的过程中必须思考的内容。

4. 标志具有时代的特征

伴随着经济的不断发展，社会大众的认知水平不断提升，人们在满足物质需求的同时，也在精神需求方面有着更多的期待，这些都是影响标志设计流行趋势的重要因素。随着时间的推移，标志设计也在逐步改造与完善。其中一种方式是舍旧立新，将旧的标志进行重新设计，推翻之前的形象，以新的面貌出现在世人面前，这种方法有利有弊。另一种方式则是在旧标志的基础上增添新意，这样更容易为世人所接受，也更具有传承性。

2.2.3　标志的分类

一、根据表现形式进行分类

1. 文字标志

1）特点

文字标志是以文字作为呈现主体的标志设计。其特点如下：一是主题更加明确，一般在选取文字标志的题材时，多为企业的名称全称或简称、首字母或缩略词等；二是文字不仅有语言自身听、说、读、写的功能，可强化观者的记忆，当转换成文字图形符号时，还具有相应的视觉功能。但是文字标志也存在一些不足之处，在一定地域或民族中会有限制。

2）分类

文字标志种类繁多，有的以汉字为主体，有的以拉丁字母为主体，还有的是用汉字、拉丁字母及阿拉伯数字组合而成。

（1）汉字标志。

汉字标志指的是由汉字组合而成的标志，汉字是设计者根据企业的经营理念、传播的难易程度与在语境中是否有一定的美好寓意来选择的。汉字经过一系列的设计、加工之后，呈现出图形化的符号。汉字标志在我国的应用十分广泛，并且在华人较为聚集的其他国家也经常采用汉字作为标志。使用全汉字作为标志的品牌有网易有道词典、伊利（见图2-1）。

图 2-1　伊利企业标志（来源于伊利官网）

（2）拉丁字母标志。

拉丁字母标志，顾名思义，是在设计标志时使用拉丁字母作为标志的全部组成内容。利用拉丁字母进行标志设计较为普遍且相当流行，因为在全球范围内使用拉丁字母作为书写语言的国家分布十分广泛，如西欧和东欧的部分国家，美洲、大洋洲、非洲的部分国家，以及亚洲的越南、马来西亚、印度尼西亚和土耳其。正因如此，使用拉丁字母标志更加国际化。使用拉丁字母作为标志的品牌有万科集团（见图 2-2）、爱奇艺视频网站等。

vanke

图 2-2　万科集团企业标志

（3）综合文字标志。

综合文字标志是指由汉字、拉丁字母和阿拉伯数字组合而成的标志。因为综合文字标志所涉及的内容更复杂、更多元，所以在进行设计时需要更多的设计构思，以免标志出现过于复杂、烦琐的情况。

2. 图形标志

1）特点

图形标志是使用经过精心设计的图形来作为标志的表现形式的一种分类。相对于其他几种标志类型，图形标志是用图形来创造一种"无声的语言"。其特点如下：一是形式内容更容易被大众接受；二是艺术性更强，极富感染力，一切"图画形象"都是设计师的设计元素。正是因为将图形用于信息传达的视觉形式，所以图形标志的最大特点是不受语言的限制，传播范围更广泛，且具有国际化效应。

2）分类

根据图形的表现形式不同，可将图形标志分为具象图形标志、抽象图形标志及象征图形标志。

（1）具象图形标志。

具象图形标志是以具体的形象特征来进行设计的标志。比如，具体的人物、动物形象，生活中常见的物体，都可用于具象图形标志设计。在传达信息时，相较于其他图形标志，具象图形标志更加直观，更具有识别性。使用具象图形标志的企业有国家电网公司（见图 2-3）。

图 2-3　国家电网公司标志

（2）抽象图形标志。

抽象图形标志是用抽象的图形形式进行设计的标志。比如点、线、面及几何图形。抽象图形标志的形式感更强烈、更现代。相对其他图形标志，其具有规范、整洁与秩序感。许多科技公司会选用抽象图形来作为企业标志，如字节跳动（见图 2-4）。

图 2-4　字节跳动公司标志

（3）象征图形标志。

象征图形标志是将图形进行艺术加工处理之后，赋予其一定的内涵与寓意，借此代表相关内容的标志设计方式。根据不同的文化内涵，象征图形标志也有着多样的变化形式。通常使用象征图形标志的企业文化底蕴比较深厚，如中国工商银行（见图 2-5）。

图 2-5　中国工商银行标志

3. 字图综合标志

1）特点

字图综合标志是指将文字、图形相结合，二者相辅相成、相互补充、相互融合。字图综合标志的特点是利用文字准确明了的信息表达与图形直观快捷的趣味展现，相互抵消各自的一些视觉歧义，突出各自的优势，从而将标志完美地表达出来。但是在设计字图综合标志时，应避免繁复，二者巧妙结合，才能达到更好的传播效果。

2）分类

字图综合标志的组合变化丰富多样，根据不同的展示效果，可简单划分为以下几种。

- 将文字转换为图形。
- 将图形组合为文字。
- 图形为文字做底。
- 将文字局部置换为图形。
- 将文字与图形进行版式排列。

二、根据设定内容进行分类

1. 活动团体标志

此类标志是为某些特定的团体组织进行设计的象征性标志，其范围包括大到国旗、国徽，小到城市标志与团体组织；或者是为大型活动、重大会议、庆祝佳节设计的标志，例如奥运会、世界杯、世博会，都属于该类型范围（见图 2-6）。该类型标志的特点是通过标志反映某团体、团队或活动的精神面貌与本质主张。

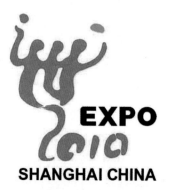

图 2-6　中国 2010 年上海世界博览会标志

2. 企业商用标志

商用标志即商标，是企业用于商业目的的标志，通过商标可区分相同类型的企业或品牌。商标的特点是受法律保护，只有商标的注册者才享有专用权，因此，一个广为众人熟知的商标有着巨大的商业价值。商标与企业标志有时是统一的，有时则不是，一个企业之下可同时拥有多个商标与品牌（见图2-7）。

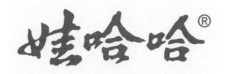

图 2-7 娃哈哈集团注册商标标志

3. 公共服务标志

公共服务标志是生活中最常见的一种标志，通常有警示、引导、指示、识别等作用（见图2-8）。例如，出现在包装盒上的储运标志、出版物上的类型标志、公共场所中的导视标志、交通规则中的指示标志，都属于公共服务标志。另外，还有一些标志物，虽然不是严格意义的标志形象，但是当出现在公众面前时，其效果也类似于标志，例如标志性建筑、标志性雕塑等。

图 2-8 安全出口标志

2.2.4 标志的功能与作用

1. 识别特征

标志的主要功能是识别，是实现品牌之间差异化的最佳手段，这种视觉呈现的方式甚至超越了语言与文字。作为企业与品牌的象征性符号，标志对于企业本身的定位、特征、品牌内涵都有着清楚、明确的视觉展现。标志在适合的地点、适合的时间，将产品信息、企业形象以最经济、最直观、最有效的方式凸显出来，能更好地激发消费者的购买欲望。

2. 保障权益

当一个标志注册成功，成为注册商标之后，就受到了商标法的保护，由法律保障商标拥有者的使用权益与知识产权。法律在其中的作用不仅限于这些，它更是保障了市场的平稳运作与品牌的良性竞争，同时也保障了消费者的自身利益。在对外经济贸易中，商标要及时在国外进行注册，以防国外其他国家抢注，从而提高品牌在国际市场的知名度。

3. 创造价值

一个好的标志，本身就具有一定的价值。标志不只是一个简单的符号，还代表着其背后的企业、品牌、商品与服务。当提高了企业与品牌的知名度和信赖度之后，标志在人脑海中的记忆程度也会提高。注册商标是一种无形资产，具有财产价值，也能为企业带来收益，比如人们耳熟能详的可口可乐商标，每年所创造的经济价值十分可观。

2.3 项目描述

本项目主要针对星海音乐厅进行视觉升级，重点提升其视觉形象。星海音乐厅历经 24 年的蓬勃发展，已成为广东省著名的文化品牌、广州的城市名片。作为中国首屈一指的城市音乐、文化地标，星海音乐厅希望通过此次的形象升级，让音乐和艺术更广泛而深入地走进人们的日常生活。

该项目设计的理念是将代表音乐的指挥棒的运动轨迹与星海音乐厅的建筑外形作为新的视觉元素，由此，既可以表现星海音乐厅高水准的音乐专业服务，又能使星海音乐厅的地标式建筑更加深入人心。此次星海音乐厅视觉升级中的标志设计荣获 2021 年德国 IF 设计奖（见图 2-9，项目来源：+1Design 公司，陈嘉毅）。

图 2-9 星海音乐厅标志

2.4　项目实施

标志设计不仅是实用物的设计，也是一种图形艺术的设计，与其他图形表现手法的艺术设计既有相同之处，又有自己的设计规律。但在设计之初，应对设计工作涉及的所有信息进行彻底的了解与详尽的调查。

1. 前期设计调研

设计调研是整个标志设计环节中十分关键的一步，需要详尽了解企业的背景知识。企业所涉及的产品范围、品牌优势都需要根据具体情况进行调查。除此之外，竞争市场中相似类型的产品也需要加以对比、分析，以保证"知己知彼"。在了解竞品企业具体情况之后，对各自的标志也要加以分析，以便找出相互之间的差异。没有调查就没有发言权，前期的设计调研，能为之后的标志设计方案敲定提供更多的思路，也更容易找到凸显自身优势的创意点，在对比大量同类竞品之后，星海音乐厅希望能够突出自身特色，凸显音乐专业水平，为今后的推广宣传奠定基础。

2. 确定设计方向

创造力是一种无边界的意识，因此需要借助一定的设计目的来加以引导和约束。经过市场调研、收集、整理、分析并明确委托方的设计需求之后，即可确定设计方向。这是对企业经营理念的概括与升华，从调研的不同结果中会延伸出更多的创意想法与设计构思，目标受众、设计宗旨、传递概念、项目规划都会影响设计思考的方向。将总结的设计方向、定量信息与影响制约因素作为后期创意的指导思路，可以拓展更多角度的构思。根据调研结果进行方案设计，则更有针对性和说服力。因此，本项目根据设计调研之后的分析，能够基本确定设计方向要围绕着代表星海音乐厅的两个元素：音乐与建筑（见图2-10）。

图 2-10　星海音乐厅建筑外观与内部结构

3. 开展创意构思

创意构思是基于设计目的、设计方向而展开的创意思考过程。利用不同的方式进行发散性思考，如用发散性思维的思维导图记录下联想的思路，或是用头脑风暴法来集思广益，可产生更多不同的想法。创意可以这样理解：就像 26 个英文字母可以组合成不一样的单词一样，不同的设计元素重新组合也可以产生新颖的创意思路。但最终需要将思路转化为视觉效果，以图像代替文字，这也呼应了前文介绍的为何图像比文字更加容易让人理解。

本项目要求用音乐指挥棒与建筑外形来开展创意构思，目标是通过音乐指挥棒表现出音乐的律动。星海音乐厅的地标式建筑融入了数学中双曲抛物面的概念，使得看似简单的标志，却蕴藏着丰富的含义（见图 2-11）。

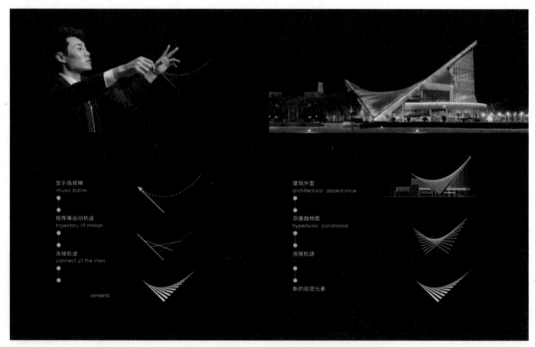

图 2-11　星海音乐厅标志设计灵感来源

知识补充

标志设计与图案设计的区别

功能不同：标志作为传达信息的符号，功能性十分突出；而图案设计以使用与观赏为主要功能，以给人带来美好、欢乐的感受为最终目的。

目标不同：标志有着极为明确的市场目标、受众目标与商业目标；图案虽然也受市场目标与商业目标的影响，但是两者各自受其目标约束的时效性长短不一。

内容不同：标志表达的内容依照企业的经营理念、主题、精神而定，而且容易理解，利于传播；图案的内容则是受使用功能、生产工艺、风俗习惯、民族信仰的影响。

4. 明确方案，精化图稿

1）绘制大量草图

绘制草图是能够直观表达出一个设计或设计元素的视觉形式。将创意构思转化为视觉图形，更易于对设计想法做出判断与调整。在进行草图绘制时，要勇于尝试，反复推敲，深入挖掘。最终的设计方案一定是产生于经过不停打磨、调整的草图之中。草图的形式要能够让人看出设计想要表达的内容与想法，在此期间造型与颜色的设定也都应该明确，能够达到基本定型。所以详细的草图也为后期终稿的敲定奠定基础。

2）精制电子图稿

精细调整制作方案。将图形按照组合关系进行不同搭配，使用黑白稿，调整不同规格。

（1）打开 Adobe Illustrator 软件，在【文件】菜单中选择【新建】命令，在打开的对话框中选择需要的图纸大小，另存文件为"标志设计.ai"，单击【创建】按钮（见图 2-12）。

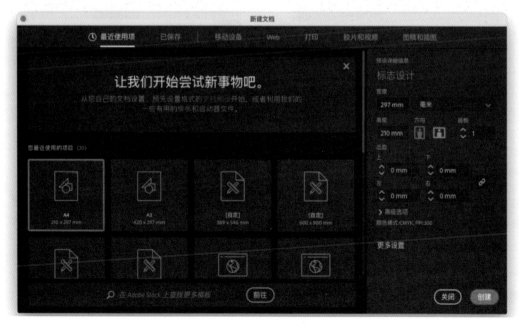

图 2-12 新建文件

（2）选择【直线工具】，根据建筑外形绘制大体轮廓。再选择【直接选择工具】，配合属性栏和相关工具，对基本图形进行调整（见图 2-13）。

（3）选择【椭圆工具】，绘制与直线相切的弧形（见图 2-14）。

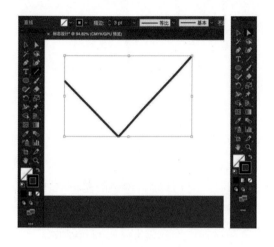

图 2-13　调整基本图形

图 2-14　绘制弧形

（4）选择【钢笔工具】组中的【添加锚点工具】，在椭圆与直线的相切点添加锚点（见图 2-15）。

（5）利用【直接选择工具】属性栏的【在所选锚点处剪切路径】命令对椭圆进行进一步调整，将多余部分裁剪掉。最终结果如图 2-16 所示。

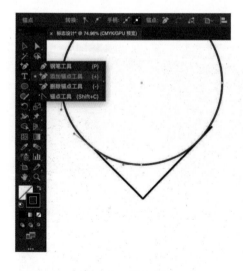

图 2-15　添加锚点

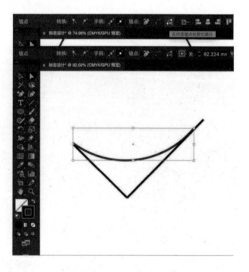

图 2-16　裁剪椭圆

（6）调整图形中的连接锚点，将重复锚点连接起来，从菜单栏中选择【对象】|【路径】|【连接】命令，将图形的路径闭合（见图 2-17）。

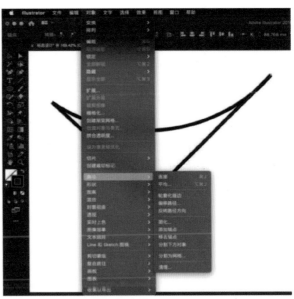

图 2-17　闭合路径

（7）使用【直线工具】绘制图形，并调整线条的描边粗细（见图 2-18）。

（8）调整图形的形状细节，扩展线条的描边。从菜单栏中选择【对象】|【扩展】命令，在弹出的对话框中设置参数（见图 2-19），然后利用【直线选择工具】进行调整。

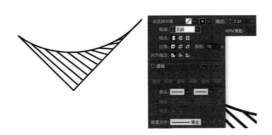
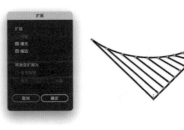

图 2-18　调整描边粗细　　　　　　　图 2-19　扩展描边

（9）将标志图案反色，制作白稿，填充颜色从白色转为黑色，最终效果图如 2-20 所示。

（10）输入文字，制作图形与文字的组合标志（见图 2-21）。

图 2-20　将标志图案反色　　　　　　　图 2-21　输入文字

知识拓展

1.标志设计的创意与构思要点

- 艺术性：指标志展现的艺术特性。标志在引起消费者关注的同时，也需要极高的艺术水准。

- 记忆性：在众多的竞品当中，一个好的标志能够加深在受众脑海中的印象，令人记忆深刻。

- 效益型：标志不仅有视觉用途，更有极高的利益效应，会带给用户和企业双向的效益。

- 差异性：在同类竞品中，有记忆点、差异化的标志才更有机会脱颖而出，抓人眼球。

- 议论性：传达新理念、创造话题性是标志设计的附加值，由此能激发受众的更多思考。

2.标志设计的创意与设计的突破口

- 名称与首字：使用企业或品牌的中英文全称或中英文首字母作为标志题材。

- 产品与服务：以企业独特的产品特征或品牌服务的行业范围作为灵感与构思来源。

- 历史与传说：利用特殊的文化背景、历史典故或神话传说作为创作元素。

- 地域与建筑：当企业有独特的地域特色或有标志性的建筑外观时，可将其作为创作题材。

思考及练习题

1.在星海音乐厅标志设计中，为何选用了音乐与建筑这两个元素作为创意灵感来源？

2.选择某一中华老字号品牌，尝试为其视觉形象升级，进行标志设计与创作。

项目3　标准字设计——"子非鱼"餐厅品牌形象设计

3.1　项目目标

标准字设计是品牌形象设计要素之一，也是品牌标志的重要组成部分，尤其是对于一个知名度较低的品牌来说，单纯运用图形标志很难发挥有效的识别和认知作用。因此，标准字与标志之间必须做到紧密联系，相互呼应，协调统一，使之具备易读的识别性和明确的说明性，以此来强化企业形象与品牌的诉求力，同时又能鲜明地传达品牌文化、经营理念等企业信息。本项目结合"子非鱼"餐厅品牌形象中的标准字设计，着重对标准字的设计、原则及方法等内容进行具体分析，以此建立对品牌标准字清晰明确的认知，更好地塑造品牌形象。

能力目标：通过本项目内容的学习，了解标准字设计的概念、原则和类型等基础知识，掌握标准字的设计方法，同时结合图形标志部分，熟练地对品牌标准字进行设计，使图形标志与品牌标准字协调统一，强化对品牌形象的视觉表现能力和塑造能力。

思政目标：激发学生在设计过程中的创新思维，培养审美意识，同时标准字设计体现了企业对社会责任的承担，让消费者感受到企业的责任感和诚信度。

3.2　必备知识

3.2.1　标准字设计的概念

标准字设计主要是指将企业或品牌名称通过创意设计组合成一种群体组合的字体形式，尤其是将企业的规模、性质、经营理念、文化精神等信息，透过文字的可读性、说明性等明确化的特征，形成风格独特、个性突出的品牌字体，将企业或品牌信息直接传递给观众，以达到识别企业的目的，并以此塑造企业形象，强化品牌诉求力，增强社会大众对企业或品牌的认知度。

3.2.2 标准字的功能

标准字是企业视觉识别系统基本要素中重要的组成部分，其种类繁多，运用广泛。在企业视觉识别系统应用要素中，标准字出现的频率仅次于企业标志。它不仅承担着传达准确信息的作用，同时也是构成视觉表现力的一种重要元素。其独有的文化表达能力，使标准字能够被赋予更多的文化含义。此外，标准字与标志同属于品牌的视觉系统，与标志具有同等重要的地位。完整的品牌标志应该是"图形标志＋品牌标准字"的组合，这样可以有效地补充说明标志图形的内涵，使其既具有文字的说明作用，又兼具标志的识别性。因此，标志与标准字合二为一的表现形式越来越被广泛采用。

标准字的功能主要可总结概括为以下几点。

- 使品牌名称形象化。
- 充满情感地将品牌形象予以传播。
- 能体现品牌的整体经营风格。

3.2.3 标准字设计的原则

针对不同企业或品牌的需求而精心设计的标准字，是塑造企业品牌形象的重要视觉元素之一。其中蕴藏着丰富的品牌情感和品牌文化等企业内涵，可以有效提升企业的品牌形象和标志设计的视觉表现力。因此，欲使品牌快速成长，就必须设计出富有个性的标准字，并针对每一个文字的间距、笔画的粗细、长宽的比例等进行反复推敲和精细制作。通常须遵循以下设计原则。

1. 可识别性

文字作为一种语言识别符号，必须具备简洁、准确、易读等基本要求，这样才能使受众减少阅读歧义，并快速获取企业名称、品牌名称等重要信息，以区分与之相类似的同类型企业。因此，作为品牌形象中的字体设计，无论是品牌标准字、企业标准字还是文字标志，可识别性必不可少。其设计必须做到一目了然、易于识别、便于记忆，这样才能有效提升视觉传达的瞬间效果，同时能更准确地传达品牌形象。尤其是在快节奏的现代社会，易读、易记、易懂才能最大限度地保证将品牌更快速、更准确地传递给受众。如联想（Lenovo）（见图 3-1）、康佳（KONKA）的字体设计，既是文字标志又是企业标准字，简洁大方，可识别性强，易于记忆。迪士尼的文字标志（见图 3-2）虽然字体笔画稍做变化、修饰，使之更具装饰性，但受众依然可以快速读取品牌名称，不会造成信息传达的障碍，所以同样具备明确的识别性作用。

图 3-1　联想标志　　　　　　　　　　　　图 3-2　迪士尼标志

2. 适当性

品牌标准字的设计，应当恰如其分地表现字体的笔画和结构，不应过分卖弄设计技巧，画蛇添足。例如，香港设计师陈幼坚先生设计的可口可乐中文标志字体（见图 3-3），巧妙变化第一个"可"字和最后一个"乐"字的笔画，使其和可口可乐英文标志字体的飘带型笔画相呼应，简洁明了，令人联想到可口可乐英文标志的飘带形象，准确地传达出该品牌的特征、理念、内涵和定位。这是品牌形象设计中的经典案例。

图 3-3　可口可乐标志

3. 独特性

标准字的设计要做到独特别致、简明突出，并充分凸显品牌个性，以避免与其他企业雷同。因此，创造与众不同的视觉感受，才能给受众留下深刻的品牌印象，同时使品牌形象更持久地被受众接受和记忆。IBM 公司的标准字（见图 3-4）采用现代水平的条纹代替了刚性的字母，暗示着速度和不可动摇的力量。它粗重、稳健而又平静的蓝色线条设计独具一格，充分体现出品牌所具有的个性特征和文化内涵，使其从众多的比较对象中脱颖而出，令人印象深刻。

图 3-4　IBM 标志

4. 造型性

标准字的设计除了要满足受众快速、清晰、准确地获取企业或品牌信息之外，其整体造型还应符合审美要求，特别是对标准字的形态轮廓进行创新与优化时，应以适当的比例、合理的结构、美观的线条进行组合设计，使其既具有高辨识度，又能表现美感。此外，通过其形态可以传达出鲜明的品牌个性，树立良好的品牌形象，起到更好的传播效果。因此，标准字的造型是否新颖和美观，是吸引受众的关键所在。美国纽约肯尼迪机场 T4 航站楼的专有标准字，主要用开放性的形态进行设计，采用两头空心的处理手法，线条简洁，结构清晰，以此传达出纽约作为一个国际化都市所具有的极强开放性和包容性的城市形象，构建出令人难忘的地标式建筑，整体造型独特，平易近人，充满趣味性（见图 3-5）。

图 3-5 美国纽约肯尼迪机场 T4 航站楼的标准字设计

5. 延展性

标准字在品牌应用系统中的使用频次仅次于标志，因此，为了更好地在不同领域和媒体上广泛应用，其必须具备良好的延展性。尤其是在设计过程中，针对不同的印刷方式、制作工艺、材料质地和应用项目，应采用多种对应性和延展性的变体设计，如放大、缩小、反白等表现形式，以产生切合、适宜的效果。

6. 系统性

为了更好地传达品牌形象，在将标准字导入整个品牌形象系统时，需要注重与其他视觉要素的和谐搭配与组合运用。因此，针对标准字进行设计时，应充分考虑品牌标准字与其他因素及不同场合使用时可能的组合形式，并根据各种情况做适用于统一组合的设计形式，以贯彻视觉传达的统一性，使其形成系统化、规范化、标准化的统一整体，更好地营造品牌形象的整体美感，以此来共同展现企业形象。

3.2.4　标准字设计的类型

一、根据在环境中的作用分类

根据标准字在实际使用环境中的不同作用，可以将其分为企业标准字、品牌标准字、文字型标志、产品标准字和活动标准字等。

1. 企业标准字

企业标准字是标准字中最主要的类型，是指经过统一设计的企业名称，具有明确的说明性。它主要用于表现企业经营理念，传达企业文化精神，建立企业信誉品格，提升企业形象识别度，树立企业良好形象。如中国网通的标准字设计（见图 3-6），简洁大方，易于识别。经过设计，字体以合适的倾斜角度，有力地传递出企业奋发有力的进取精神。

图 3-6　中国网通标志

2. 品牌标准字

品牌标准字是指企业依据目标市场定位和企业产品特色而设立的多种品牌名称。尤其是在面对企业发展国际化、经营领域多元化、消费群体多样化及市场占有率扩张等方面的发展诉求时，企业必须强调不同品牌的个性特点，并竭力提高品牌知名度，使其具有可识别性，以此达到促销的目的。例如，可口可乐公司除了可口可乐之外，旗下还包括美汁源、雪碧、芬达、冰露、纯悦等饮料或饮用水品牌。

3. 文字型标志

文字型标志是企业标志设计中最常见、最重要的表现形式，主要是直接将企业和品牌的中英文全称或简称设计成具有独特性格、意义完整的标志，通过文字字体、颜色或变形等方式进行设计，以达到易读、易认、易记的目的，使其充分体现企业的基本内涵，并与企业达成唯一的专属关系。例如，谷歌、爱奇艺、苏宁易购、格力等标志都是典型的文字型标志（见图3-7）。

图 3-7　格力标志

4. 产品标准字

产品标准字是指为了区别同类品牌下不同产品特性而赋予产品的专有名称。面对越来越严峻的市场竞争环境和产品日趋多样化的现状，企业必须不断扩大产品范围来满足消费者的各种购买需求，同时强化产品特性，以引导消费者迅速做出购买选择，如中国移动下属5G网络品牌及4G网络品牌（见图3-8）。

图 3-8　中国移动下属网络品牌标志

5. 活动标准字

活动标准字是指企业专为新品推出、庆典活动、展示活动、竞赛活动、社会活动、纪念活动等特定活动所设计的标准字。因为这类标准字使用时间短，所以设计风格大多自由、活泼，给人印象深刻。

二、根据设计特征分类

根据标准字设计特征的不同，还可将其分为书法标准字、装饰标准字和英文标准字。

1. 书法标准字

书法标准字是相对于标准印刷字体而言，主要源于中国传统书法艺术，其设计形式具体可分为两种：一种是针对名人题字进行调整编排的字体，如中国银行、中国农业银行的标准字体；另一种是以书法技巧为基础，特意模仿书法体或采用装饰性的书法体，主要是为突出视觉个性，使其具有特定的视觉效果，活泼新颖，富有变化。目前，我国一些企业经常采用政坛要人、社会名流及书法家的题字作为企业或品牌标准字体，如中国国际航空公司、健力宝等（见图3-9）。

图 3-9　健力宝标志

2. 装饰标准字

装饰标准字是根据企业经营性质、产品特色属性等需求，围绕基本字形进行装饰加工、变化修饰的标准字体。其设计常采用夸张、连笔、省略笔画等方式重新构成字体形态，在一定程度上摆脱了印刷字体字形和笔画的约束，使其更富感染力。此外，装饰字体具有多样性的表达效果：如纤细精致的字体容易使人联想到香水、化妆品等产品；圆润柔滑的字体常用于表现零食饮料、洗涤用品等；浑厚粗实的字体常用于表现企业的强劲实力；棱角清晰的字体则可以展示企业个性，不仅充分彰显企业的精神内涵，还能突出品牌的个性特征，使受众更有效地识别产品信息。

3. 英文标准字

英文标准字是根据企业或品牌标准字而设计的英文或汉语拼音标准字体，通常也分为书法体和装饰体两种基本形式。其中，书法体活泼自由，彰显个性风格，但可识别性差，常用于人名或简短的商品名称；装饰体造型独特，感染力强，应用范围广泛。

3.3　项目描述

本项目主要围绕"子非鱼"餐厅品牌的标准字设计（见图3-10）展开，其设计采用"图形标志＋标准字体"的组合形式。在设计过程中，对具象客观物象（如锅和鱼）进行合理的提炼、概括，避免了图解式的平铺直叙，用崭新的艺术形式与感性形象进行展现。与此相似的许多餐厅就经常使用食材或餐具作为 Logo 的图形，以展现餐厅独特的传统设计风格和鲜明的品牌文化特色，使其在众多缺少品牌特色的主题餐厅中脱颖而出，树立更具文化魅力和更易辨识的品牌形象，受到众多年轻消费者的喜爱。（项目来源：北京科技大学天津学院2020届视觉传达设计专业毕业设计，于丝；指导教师：李文红。）

图 3-10　"子非鱼"餐厅品牌形象设计

3.4　项目实施

1.品牌标准字设计

因为标准字代表着特定的企业形象，象征着特有的企业文化，所以必须具备独特的整体风格和鲜明的个性特征，才能使其脱颖而出，令人过目不忘。因此，经过精心设计的标准字体与普通印刷字体的差异，不仅在于字体外观造型独特，更重要的是其根据企业与品牌的经营理念、个性特征量身定做而成，特别是在笔画的形态与粗细、字形的排列与组合、结构的连接与配置等方面进行了协调统一的处理与细致严谨的规划，与普通字体相比更美观，更具特色（见图3-11）。

图 3-11　"子非鱼"餐厅品牌形象字体设计

在进行品牌标准字体设计时，要结合企业背景、经营理念和品牌文化等信息，对构成字体的三要素（形态、笔画和结构）的形式进行探索，并运用夸张、变形、共用、装饰、增减笔画等手法，将丰富的艺术想象力和创意融入品牌字体的设计之中，重新构造字体形态，以此来强化企业形象与品牌诉求，使字体传达出所宣传品牌的特点，共同服务于品牌标志。

"子非鱼"餐厅的 Logo 为鱼的侧面结合锅的造型，既有品牌识别性，又阐明了餐厅属性，造型简单，动态十足，准确传达信息的同时，也体现了餐厅的精准定位，使观者能迅速产生行业认同感（见图3-12）。

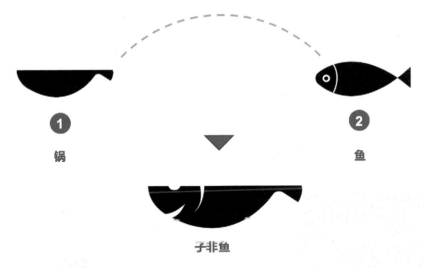

图 3-12 "子非鱼"餐厅 Logo 创作

　　"子非鱼"餐厅 Logo 设计的特点在于追求单纯、明确、简练的造型，锅与鱼结合的造型象征着"子非鱼"餐厅是一家以海鲜为主的餐厅，让消费者从视觉上直观了解公司定位。新颖活泼的现代设计风格也体现了餐厅经营理念的创新。

　　"子非鱼"餐厅品牌 Logo 采用多色进行表现，丰富的色彩增添了活泼的气氛。"子非鱼"三个字选用清新典雅的蓝色，让人感到心情舒畅，精神安定，也象征着"子非鱼"餐厅所选的食材新鲜、干净；左侧的图形由紫色向蓝色渐变，营造出虚实结合、富有层次感的视觉效果；左下角的紫红色象征着火焰把锅底烧得通红，也寓意着餐厅的生意红火、兴旺。渐变的色彩能产生空间感、动感与光感，通过透叠变化、有序的色彩渐变，可以展现出与众不同的效果（见图3-13）。

图 3-13 "子非鱼"餐厅品牌 Logo 设计

　　"子非鱼"餐厅餐具设计中为了呈现出健康、美味的理念，在盘子的设计上加入了不同的海鲜动物形象，用手绘的方式设计出简洁美观的图案，再配合不同的菜色，可以使受众在就餐时产生愉悦感。同时统一运用了餐厅标志系统中的主要元素——手绘的海鲜动物图案，使餐具看上去更加和谐统一，也更具有视觉美感（见图3-14、图3-15）。

图 3-14　"子非鱼"餐厅餐具设计

图 3-15　"子非鱼"餐厅餐具设计中的辅助图形

知识补充

从现有的印刷规范字体来看，不同的字体具有不同的性格：汉字中的宋体字典雅方正，黑体字粗壮醒目；英文字体中的罗马体造型匀称和谐，无衬线体粗犷稳固……而品牌的标准字体为区别于常规的印刷字体，在设计时通常不仅要强化文字的外形特征，还要与标志的造型结构协调统一，以此来体现企业的文化特色和精神内涵，使品牌整体形象更加完整，成为更具代表性的视觉识别符号，便于消费者记忆。因此，一般标准字的设计可从字体的外形、笔画和结构三方面考虑。

（1）变换字体：常用印刷字体一般多为有规则的方正造型，因此在设计品牌标准字体时，首先要突破文字方形的标准字框和方正的排列形式，并根据企业标志形态，采用圆润、扁平、斜体、外形自由等字体造型，凸显文字的外形特征，使字体外部形态发生适当的变化。

（2）变异字体笔画：一般印刷字体的笔画虽各具风格，但基本上都比较匀称统一。在品牌标准字体的设计中，可尝试改变点、横、竖、撇、捺、钩等笔画的形状、长短和粗细等，打破常规样式，从而创造出服务于企业标志的文字面貌。有时为了强调坚实感，可做一些硬性处理；有时为了凸显柔和，可做柔性处理。但要特别注意文字整体风格的把握，变化过多容易给人杂乱无章的感觉。

（3）变形字体结构：在品牌标准字整体结构的设计上，为了打破常规印刷文字已形成的条理规范、均衡匀称的定式，可有意识地夸大或缩小字体结构的某个局部或偏旁，打破一般字体习惯性均衡分布的排列状态，使标准字体的结构布局发生改变，产生新的视觉感受；还可以根据文字的形与意，结合典型的具象事物，以图形、图像的方式代替文字本身，形成符合品牌特色的字体形式。

2. 标准字标准化制图

标准化制图可以严格规定标准字的使用规格及比例关系，使企业视觉形象在不同情况下始终保持统一。因此，利用标准化制图对标准字的大小、间距、位置等规格进行严格约束，可以有效避免标准字在使用过程中出现错误、变形，从而影响品牌形象的塑造。尤其是在各种环境和材质应用的过程中，必须严格遵循标志与标准字、标准字之间的造型比例、空间距离等位置关系，务必做到准确无误，不得随意重绘或更改，以确保标准字在不同应用范围中的准确性和一致性。我们通常使用"A"或"X"作为一个基本计量单位进行注释，给予标准字正确的使用形态及组合标准，以广泛应用于各种传播媒体。标准化制图的操作步骤如下。

（1）打开 Illustrator 软件，在【文件】菜单中选择【新建】命令，新建一个空白文档。使用【矩形工具】绘制标准网格外边框，自由设置描边粗细及颜色（见图 3-16）。

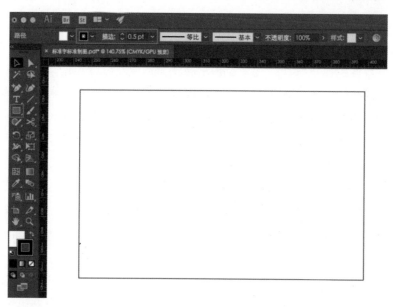

图 3-16 新建文档

（2）选中矩形网格外边框，然后选择【对象】|【路径】|【分割为网格】命令，打开【分割为网格】面板，分别设置行、列数量，以及行、列的高度和宽度（见图 3-17）。

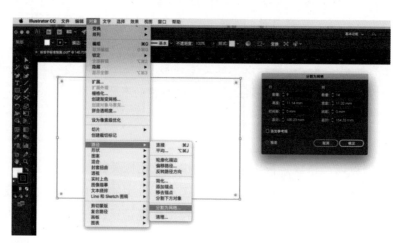

图 3-17 设置网格

（3）标准网格基本绘制完成后，使用【选择工具】选中全部小网格，单击鼠标右键，选择【编组】命令，将小网格组合在一起，方便后期进行统一调整、操作，如图 3-18 所示。

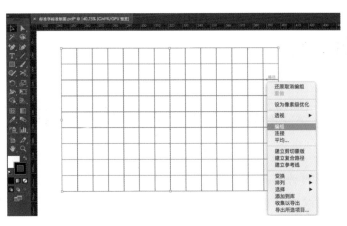

图 3-18 编组小网格

注

根据具体需要可以对某一单元网格进行方格的细分，以此来确定品牌标准字的具体细节，具体操作按照步骤（2）进行设置即可。

（4）使用相关工具对标准网格进行整体调整，如设置 XY 轴，标注网格尺寸等。然后将标准字源文件置入文档中，使用【选择工具】将标准字各部分移至标准网格上的合适位置，并在坐标左下角标注基本计量单位"A"（见图 3-19）。

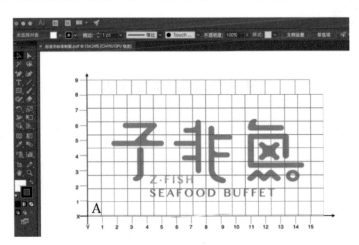

图 3-19 标注单位

注

基本计量单位"A/X"是一个比例单位，它可以根据一个笔画的宽度作为参考，也可以参考某个关键元素为单位，并不是具体的尺寸规格。在 VI 手册中必须加以解释说明，才能使标志、标准字等基本视觉元素在应用过程中参照此标准进行等比放大、缩小和复制，制定具体的使用尺寸，从而快速绘制出准确无误的标志及标准字等。

知识拓展

字体设计中常用的综艺体字体

综艺体是宋体、黑体的一种变体，也是艺术字的一种，其特点是笔画更粗，尽量将空间充满。同时为了美观，将拐弯处处理得较为圆润。综艺体在方正、微软等各大字库中都有开发，常被用于广告、报刊等的标题。艺术字是经过专业的字体设计师艺术加工后的汉字变形字体，字体特点符合文字含义，具有美观有趣、易认易识、醒目张扬等特性，是一种有图案意味或装饰意味的字体。艺术字能从汉字的义、形和结构特征出发，对汉字的笔画和结构做合理的变形装饰，书写出美观形象的变体字。艺术字经过变体后，千姿百态，变化万千，是一种字体艺术的创新。

（来源：百度百科）

案例拓展

"整只牛"潮汕火锅品牌形象标准字设计

"整只牛"潮汕火锅品牌形象的标准字设计在字体结构上进行了大胆变形，打破了原本整齐呆板的字体形态，融入了牛蹄、牛角等造型元素及潮汕地区房屋的造型特点，以突出潮汕牛肉火锅的品牌特色。它同时采用传统的中国红为主要色彩，象征着企业热情周到的贴心服务和活力创新的品牌精神，增加了企业的亲和力，如图3-20、图3-21所示。

图3-20 "整只牛"潮汕火锅品牌形象设计

图 3-21　"整只牛"潮汕火锅标准字设计及应用

1. 如何根据企业品牌定位选择合适的字体进行标准字设计？

2. 根据本项目所学内容，选择一个商业品牌，进行品牌标准字体设计。

项目 4　品牌标准色、辅助色设计——
"巧手儿童益创工坊"品牌
标准色设计

4.1　项目目标

　　标准色、辅助色设计是企业视觉识别基础系统的重要组成部分，也是品牌视觉设计差异化的重要表现手法，具有强烈的视觉识别作用。尤其是针对不同品牌产品日趋同质化的情况，标准色的设定不仅可以充分彰显规范统一的企业形象，还可以有效区分于同行业的竞争对手，从而获得富有感染力和个性化的视觉感知，以此提升品牌的识别度和认知度。本项目通过"巧手儿童益创工坊"品牌形象中的标准色、辅助色设计，着重对标准色设计的功能、原则及类型等内容进行具体分析，以最大限度地发挥色彩引人注目、深入人心的视觉效果，充分展现企业形象的独特个性。

　　能力目标：通过本项目内容的学习，了解标准色设计的概念、功能、原则等基础知识，掌握标准色设计的分类；同时结合图形标志与标准字部分，准确设定符合品牌调性的企业标准色体系，使企业形象保持和谐统一，以此来强化品牌色彩的个性化表达和形象化认知，提升色彩表达的创造能力。

　　思政目标：通过深入挖掘视觉形象知识，我们不仅加深了对传统文化的认识与理解，而且有效拓宽了创作视野，为设计工作注入了丰富的灵感。这样的过程使设计内容更加多元和丰富，实现了传统与现代的完美融合。

4.2　必备知识

4.2.1　标准色设计的概念

　　企业标准色是指企业为塑造特有的企业形象而确定的某一特定的色彩或一组色彩系统，其主要根据企业的文化传统、形象定位、经营理念、产品特性等信息，通过色彩的色相、明度、纯度等特征，塑造出个性鲜明的企业形象，从而留给受众深刻的品牌印象。

企业标准色设计主要分为标准色与辅助色。其中，标准色是企业视觉识别系统中最主要的应用色彩，其决定了品牌性格；而辅助色作为标准色的延伸与拓展，通常出现在特定场合，起着辅助主色的作用，并伴随着不同场合、产品的需求变化，使标志、标准字、辅助图形等视觉符号在应用推广中拥有更大的变化空间，以此增强企业视觉形象的感染力，提升品牌的知名度。

4.2.2　标准色设计的功能

标准色是品牌形象设计中不可或缺的重要元素之一，也是标志、标准字体及宣传媒体的专用色彩，代表着企业形象识别系统的主要颜色标准，广泛应用于不同产品、场合和媒体中，具有明确的视觉识别作用。尤其是在严峻的市场竞争环境中，标准色既能够准确传达企业的经营理念、文化内涵、产品特色等，又能够快速、有效地区别于其他同类企业产品，为企业的稳定发展提供良好的竞争优势，从而获得消费者的接受与认可，增强品牌形象的传播力及感染力。

企业标准色在决定品牌性格方面至关重要。通常色彩具有情感和象征意义，不同的企业拥有不同的形象定位，而不同的色彩又可以使受众产生不同的情绪联想。因此，合理地运用色彩来设定符合品牌调性的企业标准色体系，不仅能够加强品牌形象的内涵表达，建立独特的品牌意识，还能够对受众的生理、心理产生良好的影响，进而更好地树立企业形象，准确地传达企业理念，使受众从色彩的角度强化对企业的认知度和信任感。

企业标准色还可以使企业的整体视觉形象得以强化和统一。无论是在视觉展现上还是在心理干预中，色彩都能起到明显的推动作用，因此最大限度地发挥色彩特有的视觉刺激和心理反应作用，可以使品牌色彩产生直击心灵的感性力量。尤其是将品牌色彩系统与企业标志、标准字体、辅助图形等视觉元素进行组合应用，不仅能够使其在推广中拥有更广泛的展现空间，还可以获得富有美感和个性化的视觉效果，方便企业形象的传播与应用。

4.2.3　标准色设计的原则

在企业形象塑造中，色彩语言的作用不容忽视，因为色彩具有最直观、最敏感的视觉引导作用，可以使受众产生不同的心理联想，并通过视觉传达产生强烈的第一印象，所以企业标准色设计应参照企业经营理念、行业属性、竞争差别等因素，尽可能做到单纯、明快，以最少的色彩表现尽可能多的含义，达到快速传达企业信息的目的。标准色设计通常须遵循以下原则。

1. 科学化

品牌标准色设计主要是围绕企业的经营理念、行业特点、形象定位、文化传统、产品优势等方面进行综合考虑、科学分析，以此来设定能够准确凸显企业文化及品牌精神的标准色体系，突出企业品牌风格，体现企业的性质、宗旨和经营方针。中国银行选择红色作为企业的标准色，一方面，红色是中国国旗的色彩，一直以来被认为是中国的形象代表，寓意热情、喜庆；另一方面，中国银行作为中央管理的大型国有银行，利用中国红来体现对其身份地位的认同，既符合国家专业银行的形象定位，又包含着具有中国民族特色的企业文化内涵（见图4-1）。

图 4-1　中国银行标准色

2. 差别化

企业经营策略不同，因而品牌标准色的设计需要选择与众不同的色彩，以突出同类行业之间的差异，达到企业识别的目的。通过色彩的色相、明度、纯度等基本特征构造色彩差别，能够鲜明地展示企业独特的品牌个性，留给消费者深刻的品牌印象。尤其是使用频率最高的标志色彩，更能充分体现企业不同的经营理念及形象定位，准确传达企业形象，提高市场竞争力。中国建设银行以海蓝色作为企业标准色，象征理性、包容和稳定，其寓意是中国建设银行像大海和天空一样能够吸收、容纳各方人才和资金，不仅能够体现出国有商业银行的大家风范，为广大群众提供一个安全稳定的投资理财环境，还能够使受众从色彩的角度增强对银行的信任感（见图4-2）。

图 4-2　中国建设银行标准色

3. 系统化

为了准确地传达企业的经营理念，更好地塑造品牌形象，品牌标准色的设计通常按照国际印刷行业中最常用的色彩标准设定。因此，注重企业视觉形象系统中标准色的规范使用，能够使其与标志、标准字体等品牌视觉元素合理搭配，并形成系统化、规范化的整体美感，有效避免在不同场合因颜色的偏差而影响标志的视觉效果。此外，若同一企业的业务范围广泛，为迎合大众的消费心理，当标准色不能更好地表达品牌形象时，要重视辅助色的搭配使用，利用色彩在明度、纯度上的变化，形成明确的系列感，以此来提升品牌的形象和企业的活力，达到促进销售的目的。

4.2.4 标准色设计的类型

1. 标准色

标准色也称为基本色或主色，在色彩识别符号中具有强烈的识别效果，是象征企业或产品特性的指定颜色，也是标志、标准字体及宣传媒体的专用色彩，能够表现企业的经营理念及产品的内容特质，体现企业属性和品牌情感。同时，标准色居品牌色彩系统的核心位置，是与品牌相关度最高的色彩，不仅会留给消费者以某种颜色为主打的品牌印象，更重要的是能有效区分于竞争对手，加强品牌的识别。企业标准色一般分为单色标准色和多色标准色，可根据企业的需要选择合适的标准色形式进行设计，并将其广泛应用于各种传播媒体。

1）单色标准色

单色标准色简洁明了、色彩集中、单纯有力，通常给人以直观而强烈的视觉印象，容易使消费者留下牢固的品牌记忆，是最为常见的企业标准色形式。此外，许多企业机构为了使标志的面积和范围得到充分体现，并强调清晰、鲜明的造型特点，均采用单色标志的设计方式，以达到直观明确、快速有效的识别目的，便于应用及推广。如可口可乐的红色、麦当劳的黄色、vivo 的蓝色、星巴克的绿色等都是采用单色标准色的设定方式，其标志轮廓清晰，色彩饱和，明确有力，易于推广（见图 4-3）。

图 4-3　麦当劳黄色标准色

2）多色标准色

标准色并不局限于单色的表现，为塑造特定的企业形象，增强色彩律动的美感，许多企业在标准色的选择上采用两种或两种以上的色彩，以追求色彩搭配、对比产生的视觉效果，并有效避免单色标准色容易雷同的缺点，充分展示个性化的品牌色彩。如百事可乐红、蓝双色的组合（见图 4-4），新加坡航空公司蓝色与棕黄色的组合，中国移动蓝色、绿色的组合等双色搭配；以及 BP 润滑油、中粮集团的四色标准色等多色搭配（见图 4-5）。此外，在多色标准色的搭配中，暖色搭配多指向商业、娱乐等与日常生活贴近的行业；冷色搭配一般指向工业、科技等和日常生活相距较远的行业。

图 4-4 百事可乐红、蓝双色标准色   图 4-5 中粮集团的四色标准色

2. 标准色 + 辅助色

由于企业标准色使用的严格性与局限性，为避免企业视觉形象的色彩显得单调而乏味，通常采用辅助色作为标准色延伸设计的手段，辅助主色的使用，来衬托表现企业经营理念和象征意义，并快速区别企业不同部门、不同场合、不同品牌和产品，使企业视觉形象显得既丰富又有条理，既灵活机动又不至于色彩混乱，从而使品牌形象突出，同时又不会分散受众对品牌主色的注意力。例如，Budget Direct 保险公司旗下不同产品所设定的辅助色，不仅可以使受众准确识别相关产品，还能够使之获得规范整体、协调统一的视觉美感（见图 4-6）。

图 4-6 Budget Direct 保险公司旗下不同产品的辅助色

此外，标准色与辅助色搭配使用，虽然可以大大增强企业视觉形象的独特性与活力，使基础视觉要素在品牌推广中有更大的变化空间，但尽量避免选择过多的颜色，这样容易造成应用的困难，也不利于品牌个性的凸显。具体来说，应根据品牌形象设计的实际情况来定，通常用一套色或两三套色即可，最多不超过五六套辅助色。例如，菜鸟选择菜鸟蓝作为品牌标准色，寓意将以科学的管理方法、沉着冷静的工作态度服务于每一个合作伙伴和客户，并搭配荧光绿为辅助色，醒目且富有活力，就像一路畅通无阻的信号，令人产生安全疏导、蓬勃向上的无限遐想（见图 4-7）。

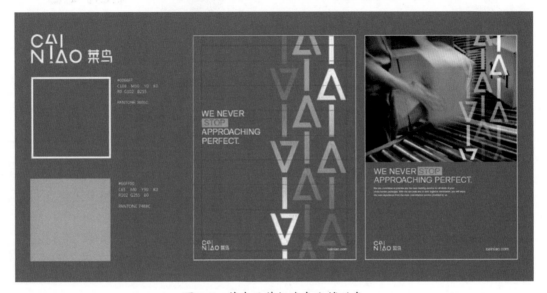

图 4-7　菜鸟品牌标准色和辅助色

4.3　项目描述

本项目主要针对"巧手儿童益创工坊"品牌形象的标准色设计（见图 4-8）展开。"巧手儿童益创工坊"是专为 2～12 岁儿童打造的手工创作平台，主要经营木工坊、积木坊、泥塑坊、航模坊、美术绘画坊、3D 打印坊等，其宗旨是给儿童提供一个温馨舒适的环境来尽情释放自我、自由创想，让孩子们在快乐中感受手创的魅力，激发创造性思维，提升智力，并以此传递出"以爱之名，伴你成长；用手创造，自由造梦"的品牌理念，使其在众多儿童益智创意机构中脱颖而出，成为儿童手创领域的先行者，扩大了品牌知名度，受到众多家长和儿童的认可与信任。

图 4-8　"巧手儿童益创工坊"品牌形象设计

4.4　项目实施

标准色是象征品牌精神及品牌文化的关键因素，是标志设计的重要环节，也是企业视觉识别系统的延伸和应用，具有明确的视觉识别效应及市场竞争优势。因此，标准色作为代表企业视觉形象的主要应用颜色，必须符合企业或品牌的行业特征、经营理念、发展方向、文化内涵等，同时充分考虑消费者的心理需求，利用色彩的情感和象征意义，影响消费者的情绪，使其产生不同的心理联想，诠释不同的品牌特征。此外，还要注重色彩的搭配与对比，通过色彩的色相、明度、纯度、冷暖等差异变化，留给消费者深刻的品牌印象（见图 4-9）。如同类色、互补色、明度反差等搭配，都能够准确地传达企业视觉形象。

活力——黄　　　创造——绿

图 4-9　"巧手儿童益创工坊"品牌标准色

该项目的具体操作步骤如下。

（1）打开 Illustrator 软件，在【文件】菜单中选择【新建】命令，新建一个空白文档，同时将标志墨稿置入新建的文档中，如图 4-10 所示。

图 4-10　置入文件

（2）使用【选择工具】选中标志下半部分，双击工具箱中的颜色填充按钮，打开【拾色器】面板，将颜色设置为绿色（C=89%；M=0%；Y=51%；K=0%），如图4-11所示。

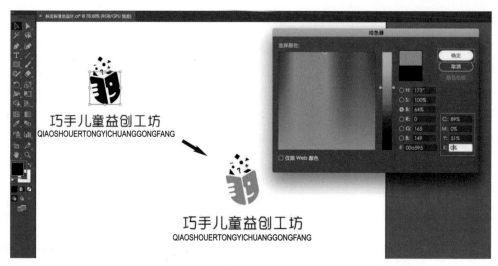

图 4-11　设置颜色

（3）重复上述步骤，使用【选择工具】选中标志上半部分，分别填充黄色（C=0%；M=21%；Y=83%；K=0%）和绿色（同上），最终效果如图4-12所示。

图 4-12　最终效果

注

企业标准色及辅助色的规范色值（RGB及CMYK色值）应在VI手册中进行明确标注，以保证屏幕显示及印刷输出的准确度。同时还应考虑后期标志在多种环境下的应用效果，多次尝试并确定标志在不同颜色背景下的表现效果及使用规范，制订标准化的配色方案，以保证标志在有颜色的背景上能始终清晰可见。

知识拓展

RGB 与 CMYK 颜色模式的区别

　　RGB 色彩模式是由自然界的色光三原色——红（Red）、绿（Green）、蓝（Blue）混合构成，数值范围为 0 ~ 255，如纯红色 R=255，G=0，B=0，白色 R/G/B=255，黑色 R/G/B=0 等。RGB 模式也称为加色模式，通常用于显示屏、幻灯片、视频和屏幕图像编辑等屏幕显示的颜色模式。

　　CMYK 色彩模式是由色料三原色——青色（Cyan）、洋红（Magenta）、黄色（Yellow），加上黑色（Black）混合构成，比例范围为 1% ~ 100%，如 C/M/Y/K=0% 为白色，C/M/Y/K=100% 为黑色等。CMYK 模式也称为减色模式，是一种专门用于印刷输出的颜色模式。

　　RGB 和 CMYK 颜色模式示意图如图 4-13 所示。

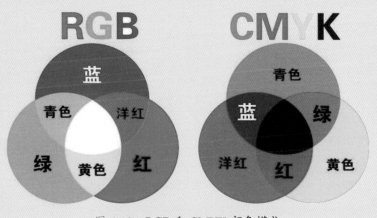

图 4-13　RGB 和 CMYK 颜色模式

注

　　CMYK 色彩不如 RGB 色彩丰富饱满，因此，将 RGB 颜色模式的图像转换成 CMYK 颜色模式的图像时会产生分色。如果使用的图像为 RGB 颜色模式，那么最好在编辑完成后再转换为 CMYK 颜色模式。

1.根据色彩情感深入分析，总结归纳不同行业用色。

2.根据本项目所学内容，选择一个商业品牌，进行品牌标准色设计。

项目5 辅助图形设计——"草木染"
蓝染文化品牌形象设计

5.1　项目目标

辅助图形是品牌主要视觉要素的延伸和发展，它极大地丰富了企业形象设计的审美内容。下面通过"草木染"蓝染文化品牌形象中的辅助图形设计项目，科学地分析每一部分，有针对性地剖析它们的功能和适用情况，最大限度地发挥图形要素的使用价值，使整体的视觉传达系统更加严谨，加强品牌形象辨识度，为塑造与提升品牌形象开辟更广阔的空间。

能力目标： 通过本项目内容的学习，了解辅助图形的定义、功能、分类及其地位，掌握辅助图形的具体设计方法，加强图案纹样的提取转化再设计能力。

思政目标： 致力于实现现代平面设计与传统文化元素的完美融合，积极倡导并推动对中华民族优秀传统文化的继承与发展，深入挖掘并弘扬中华文化的独特魅力。

5.2　必备知识

辅助图形又称为象征图形，其在图形系统中扮演着重要的辅助视觉角色。这些辅助图形不仅能够辅助核心标志，为企业营造一个适应市场竞争的稳定形象环境，而且在企业或品牌扩张的过程中，它们能够得到全面的应用和深刻的诠释。通过这种方式，辅助图形有效提升了目标受众的接受度和理解力，进而加强企业形象传播的深度和广度，显著提高公众对企业识别和认知的水平。

5.2.1　辅助图形的定义

作为品牌形象设计中的基本元素之一，辅助图形是基于配合标志、标准字、标准色等基本元素开发的，是在各种媒体上广泛应用以及为不同场合的需求而设计的图形符号。它可以起到强化企业概念延伸和设计内涵的作用，也可以增强标志、标准字、标准色等基础元素的延展性和应用性，使视觉传达设计更具有表现的广度与深度，增强对受众的亲切感，提高企业形象传递的准确度与知名度。

5.2.2 辅助图形在品牌形象设计中的重要地位

（1）提升品牌识别度，强化品牌形象的表达力，确保标志与标准字体的意义更加完整。当标志无法全面展现VI系统的风格时，辅助图形便能发挥作用，加深设计的内涵。通过其一致性的应用和与其他元素的组合风格，辅助图形为整个VI系统增添了美感，更重要的是提升了识别度。辅助图形的使用具有灵活性，其强烈而独特的视觉特征不仅能吸引受众的注意力，激发兴趣，还能更清晰地传达品牌特性。

（2）有效凸显品牌特色，尤其是在与同行业其他品牌的对比中。色彩和辅助图形是塑造VI风格的关键元素。许多品牌的Logo设计极为简洁，如SONY、IBM。因此，辅助图形在表现产品或品牌特性方面发挥着重要作用，从而增强消费者对品牌的识别度。辅助图形是根据特定的信息传递需求设计的，如果说标志是文章的标题，那么辅助图形便是文章的内容。辅助图形设计的核心在于是否准确传递了品牌所代表的信息。它与VI的基本视觉元素紧密相关，起到对比和衬托的作用，也提高了其他元素在应用中的灵活性和适应性。辅助图形的设计旨在处理好与其他元素组合形式与应用环境的关系，从而实现视觉差异化，更好地突出与同行业其他品牌的区别。

（3）增强视觉冲击力，提升画面效果的感染力，最大化创造视觉吸引力。作为基础元素设计的重要组成部分，辅助图形旨在丰富和延伸标志内涵及企业经营理念，统一并强化视觉形象，以最大限度地创造视觉吸引力。在整体视觉识别设计中，辅助图形是使用频率较高且极为活跃的元素，能够建立独特的品牌意识，展现产品特性，丰富视觉设计语言，增强视觉冲击力，使画面效果更具感染力。辅助图形既可以与标志、标准字、标准色结合使用，以完善整体呈现；也可以独立、灵活地应用于手提袋、指示牌、信封、样本设计等多种场景，并与品牌色彩系统相结合，通过变化产生节奏和韵律，增强视觉冲击力和美感，从而实现视觉上的引导效果和亲切感，提升审美趣味（见图5-1）。

图 5-1　"草木染"蓝染文化品牌形象图形设计——童鸿灿

5.2.3　辅助图形的功能

1. 强化企业视觉识别系统的诉求力

辅助图形的强烈且具个性的视觉特征，不仅能抓住受众的视线，引起人们的兴趣，而且能更明确地传递企业特征。"草木染"蓝染文化品牌形象设计中的辅助图形，将非物质文化遗产蓝染工艺和艺术美感进行结合，将花草、人物形态图形与品牌形象相融合，传递了自然、淳朴、生动、艺术的信息（见图 5-2）。

图 5-2　"草木染"蓝染文化品牌形象设计——童鸿灿

2. 增强设计要素的适应性

辅助图形与 VI 基本视觉要素有内在联系，起到对比、陪衬的作用，增加了其他要素在应用中的柔软度并增强了适应性。辅助图形的出发点就是要处理好其他要素与环境的关系。在"草木染"蓝染文化品牌的设计中，辅助图形与轮廓清晰的品牌标志形成了很好的主次关系，进一步深化了品牌传播核心要素的含义（见图 5-3）。

图 5-3　"草木染"蓝染文化品牌形象辅助图形——童鸿灿

3. 提高了视觉美感

辅助图形与品牌色彩系统进行组合、变化后产生次序节奏，增加韵律感，强化了视觉冲击力和美感，从而产生视觉上的诱导效果和亲切感，增强审美趣味。

5.2.4 辅助图形的分类

1. 特形图案

特形图案是象征企业经营理念、产品品质和服务精神的富有地方特色的或具有纪念意义的具象化图案。这个图案可以是图案化的人物、动物或植物。选择一个具有意义的形象物,经过设计、赋予具象物人格精神,可强化企业风格,表现产品品质。特形图案设计应具备如下特点。

(1)个性鲜明:特形图案应富有地方特色或具有纪念意义,它与企业内在精神紧密联系。如中国联通通信集团在 2020 年对品牌标志进行更新,品牌口号由此前的"创新·改变世界",变更为"创新·与智慧同行",使用了特殊的中国结品牌图标;此外,还衍生了更多的品牌图形,如寓意前进突破,表达联通对未来发展态度的箭头图形;表达用心负责,联通与人、社会关系的爱心图形;以及寓意协力同行,表达创造无限可能的无限图形(见图 5-4)。

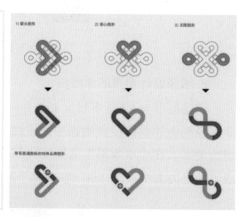

图 5-4 中国联通品牌图形设计

(2)图案形象应有亲切感,让人喜爱,以达到传递信息、增强记忆的目的。吉祥图案和企业的特定形象图案既有内在的联系,在本质意义上又有区别,这种区别主要在于商业性。企业特形图案的选择是具有明确商业目的的,它的地方性、历史意义、纪念意义是基于经营需要而创造的,是从经营的本位出发去创造的。

2. 象征图案

象征图案又称装饰花边,是视觉识别设计要素的延伸和发展,与标志、标准字体、标准色保持宾主、互补、衬托的关系,是设计要素中的辅助符号,主要用于各种宣传媒体装饰画面,加强企业形象的诉求力,使视觉识别设计的意义更丰富,更具完整性和识别性。一般而言,标志、标准字体在应用要素设计中都是以完整的形式出现,不允许图案重叠,以确保其清晰度和权威性。象征图案的应用效果则应该是明确的,而不是所有画面都出现象征图案。象征图案既可以由标志图形延伸变化而来，也可以用与企业内涵、经营理念相联系的图形或图案。象征图案的设计是为了满足各种宣传媒体的需要，因为设计项目种类繁多，形式千差万别，画面大小变化无规律，这就需要象征图案的造型是一个富有弹性的符号，能随着媒介物的不同或者版面面积的大小做适度的调整和变化，而不是一成不变的定型图案。

一般而言，象征图案具有如下特性。

- 能烘托企业形象，强化诉求力，使标志、标准字体的意义更具完整性，易于识别。
- 能增强设计要素的适应性，使所有的设计要素更加具有设计表现力。
- 能强化视觉冲击力，使画面效果更富于感染力，能最大限度地创造视觉吸引效果。

并不是所有的品牌形象系统都能开发出理想的品牌辅助图形。有的标志、标准字体本身已具备了很强的图案效果，品牌辅助图形就失去了积极的意义，这时如果适当使用标准色来丰富品牌形象，则更为理想。

5.3   项目描述

本项目主要针对"草木染"蓝染文化品牌的辅助图形进行设计，重点突出蓝染艺术这种传统文化的内涵和底蕴。在设计理念上，主要体现蓝染的具体文化表现，弘扬传统文化和精神。因此，该项目品牌形象设计将结合蓝染的名称及特色，将文化与设计紧密结合，突出其文化特色，营造积极的文化氛围；充分运用企业品牌的名称所代表的含义，提取图形作为设计元素，为"草木染"蓝染文化品牌设计赋予文化内涵（见图5-5）。（项目来源：北京科技大学天津学院2017届视觉传达设计专业毕业设计，童鸿灿；指导教师：李文红。）

图 5-5   "草木染"蓝染文化品牌设计

5.4　项目实施

　　辅助图形的设计是对标志和字体进行搭配和补充，为了适应各种宣传媒体的需要而设计的。设计项目种类繁多，形式千差万别，画面大小变化无规律。要确保在不同的背景下，标志及字体的设计都可以得到很好的视觉效果，就需要辅助图形的造型设计是一个富有弹性的符号，能随着媒介物的不同，或者是版面面积的大小做适度的调整和变化，而不是一成不变的定型图案。设计辅助图形的手法多种多样，但设计的出发点及最后发挥的作用不同，大致可从以下设计方法入手。

1. 标志创意来源分析

　　辅助图形从标志形态转换而来，能烘托标志，强化形象诉求力。辅助图形的设计可来自母体（标准图形），进行规范后，可根据实际需要灵活运用于系统中的各类视觉产品中，可以从标志中摘取，也可以取 Logo 精华的一部分进行延展。由此可见在设计初期，应对品牌标志进行创意来源分析，为接下来的相关元素提取做好准备。"草木染"蓝染文化品牌标志的设计来源，主要取灰蓝色、草木等元素，将这些概念进行视觉化的转换后进行重构整合，这样将中国传统思想文化融入的同时，还能带领观众顺着这些印记探寻被遗忘的技艺（见图 5-6）。

图 5-6　"草木染"品牌标志设计来源

2. 图形提取与制作

　　在对标志进行分析之后，再对标准图形进行分解与组合，强调母体（标准图形）的再现，将标准标志局部元素提炼后的线状元素重新组合，同时保留其颜色属性，在加强视觉感受的基础上，做自由和活泼的多种形式组合，强化对标准图形的再现和感受。

3. 图形变形与衍生

　　在完成基本单元设计之后，为了使辅助图形造型更加完整，成为具有象征意义的视觉符号，从而达到丰富品牌内涵，追求企业文化和经营特色，充实和丰富企业的视觉形象的目的，将这些图形单独或组合后进行纹样的组织。纹样的组织方式一般采用二方连续和四方连续手法，如图 5-7 所示。

图 5-7　组织纹样

在"草木染"品牌形象设计中，辅助图形将提取的生活劳作等日常生活的一角作为图形主体，赋予蓝染品牌形象一种轻松的视觉情感，使得古老的艺术不至于显得古板。同时将古代劳动人民作为图案的主要构成，加以草木、飞鸟点缀，以丰富画面，使得图形轻松愉快但又不偏离蓝染的主题，且独具历史文化感与轻松愉悦的第一视觉感受（见图 5-8）。

图 5-8　辅助图形

知识补充

　　很多品牌的辅助图形以简洁为主要表现形式，选用抽象的辅助线作为装饰，弥补标志形态在特定应用环节的不足，增强标志的适应性。简洁、抽象的辅助图形不会显得喧宾夺主，对辅助图形的应用能以简代繁、以单色系取代多色系，使目标受众群体对其一目了然，加深对企业的印象。不完全依赖标志造型的独立的辅助图形，重新设计后更有特色，简洁的视觉符号根据几何造型元素提炼，加工成条状、带状、点状、块、面等，再进行一定限度的延伸变化，可以从形式上更好地和标志联合，弥补和深化标志中缺失的企业形象内容，并且可以根据环境和载体的变化（包括大小、空间等的变化）改变空间中的错落形式，来弥补视觉传达中出现的延展问题，以及标志形态在特定应用环节的不足。具体设计可从以下两点进行考虑。

　　（1）采用与 Logo 没有关联但是与行业特色有关联的简洁抽象图形。

　　（2）采用与 Logo 没有太大关联，与行业特色也没有太大关联，但抽象、现代的优美图形。

案例拓展

"冀茶语"奶茶品牌形象辅助图形设计

　　"冀茶语"奶茶的品牌形象设计以弘扬和宣传河北特色文化为基础，它主要结合河北地域具有代表性的建筑以及行业特点展开，凸显其特殊风味的同时，也吸引着消费者的目光，传递着温暖，既提升了品牌形象，还能够增添气氛，为消费者带来美好享受（见图 5-9、图 5-10）。

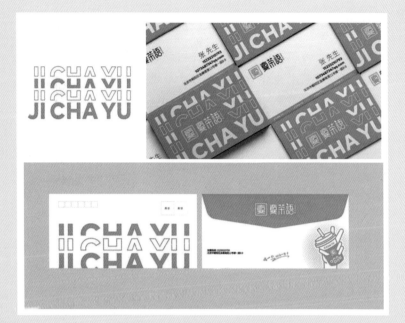

图 5-9   辅助图形设计及应用 1

图 5-10   辅助图形设计及应用 2

1. 在元素提取中，为何选用与标志同样的颜色作为辅助图形主色？

2. 选择以某一民间艺术为背景的品牌形象，进行辅助图形设计。

项目 6　品牌吉祥物（IP）形象设计——京津中关村科技城旅游品牌吉祥物设计

6.1　项目目标

品牌吉祥物多以拟人、拟态作为设计基础，相较于品牌标志的简洁干练，品牌吉祥物更具活力与亲和力，能够更快速与受众群体建立感情链接，扩大品牌信息传播途径，加强品牌氛围渲染。下面通过京津中关村科技城旅游品牌吉祥物设计项目，对品牌吉祥物进行全面分析，明确吉祥物设计必备的理论知识和基本思路，并能够运用设计思维将现实生活中的事物加以拟人化和简洁化处理，形成符合品牌调性的外在形象；同时通过吉祥物的性格设定，进一步展现品牌文化与品牌理念等抽象信息，使其与品牌标志互为补充，增加品牌宣传的广度与深度。

能力目标：了解品牌吉祥物设计的基本思路，明确品牌中的若干因素对吉祥物形象产生的多重影响，掌握品牌吉祥物的设计流程，剖析吉祥物从设计到产出过程中需要注意的细节，完善实操能力体系，形成品牌吉祥物全流程设计实践能力。

思政目标：在中国传统文化中，许多神兽形态被作为现代的品牌吉祥物的灵感来源。通过本项目，一方面，可增加对传统文化的了解，丰富创作灵感的同时传承传统文化；另一方面，能更为深入地体会文化内涵如何通过设计巧妙进行传达，通过设计，使传统文化再次回到大众视野，符合现代审美。

6.2　必备知识

吉祥物最早见于龙、凤、麒麟等祥瑞形象。因这类形象代表着人类对吉祥美好事物的追求与向往，所以统称为吉祥物。随着时代的发展，运动会、博览会等大型活动的官方机构开始将吉祥物视为同标志一样的宣传必需品，而后在企业形象识别系统中也开始运用吉祥物来丰富与提升品牌。在古代，由于对自然环境的未知与封建皇权的压迫，吉祥物多呈现出怪异的神兽形态，给人威慑与恐惧之感。品牌吉祥物则被赋予了品牌的理念与文化，目的是与受众群体产生良好的情感联系，需要以正向的、受人们喜爱的形态呈现，因此在品牌吉祥物的设计中，多以拟人化作为设计的方向。同时需要考虑品牌各要素对吉祥物形象带来的影响。

6.2.1 品牌吉祥物形象的选择

品牌吉祥物设计与品牌标志设计相同，都属于企业识别系统（CIS）中的视觉识别（VI）部分，都是通过视觉传达信息，并且在设计层面的指导理论与步骤方法也基本相同，唯一不同之处在于视觉呈现形式上：品牌标志由图形、几何等元素构成，是将天马行空的元素进行融合的过程；吉祥物则多运用带有生命感的动物作为参考形象（有些特定情况下也会运用事物作为形象，并人为赋予其生命），是将现实存在的形象进行简化、拟人化的过程。因此对于品牌吉祥物，适合的参考形象尤为重要，且参考形象的最终确定也受到多方面因素的影响。

1. 行业属性因素产生的影响

不同行业本身带有不同的行业属性，在形象树立上必须给人以约定俗成的印象，才能够获得行业内人士与消费者的认同。例如，建筑行业及医药行业，需要传达出扎实、可靠、专业的印象；而餐饮行业需要传达出好吃美味、食材新鲜、后厨干净的感受；旅游休闲则需要传达出山好水好、放松惬意、自在怡人的体验感。

这些行业属性直接影响着参考形象的选择。例如，体型庞大的大象、熊等动物形象，能够很好地代表沉稳可靠的品牌气质；乳制品行业本身的行业特性，也让牛、羊形象成为这一行业的不二之选；软萌可爱的猫、狗等形象，则是能够代表各种品牌气质的通用型参考形象（见图6-1）。

图 6-1 某拳击馆品牌形象设计（来源于创特易）

　　例如，九消中科是感控卫士医疗科技旗下品牌，针对此次吉祥物设计，想要展现守护、活泼、可爱等主题思想。吉祥物以鹿为主形象，将鹿的耳朵和眼睛放大，鹿角缩小，增加了可爱灵动的属性。吉祥物的配色以黄、白、蓝色为主，十分符合品牌的调性要求，为医疗类品牌增添了亲和力，给人大智若愚的感觉。强烈的反差感与辨识度，让人眼前一亮，一经推出就受到了热烈追捧（见图6-2）。

图 6-2　九消中科吉祥物设计（来源于创特易）

2. 受众群体因素产生的影响

　　大部分企业对接的是大众消费群体，而受众群体的定位不同，也会直接影响吉祥物形象的选择。若以女性作为主要受众群体，品牌吉祥物需要符合女性的柔美特性，狐狸、猫、狗等呆萌可爱的形象会更加受到青睐；若以年轻群体作为主要受众群体，品牌吉祥物的形象则更偏向于潮流与个性，狮子、老虎甚至是传统文化中的神兽形态都可以作为形象选择。

　　图6-3是为京津中关村科技城设计的吉祥物，其主要受众群体为年轻人。它以年轻人的视角，抓住科技感和活力感进行设计，其中用到了很多航空主题的造型，结合具有亲和力的小女孩、小科学家等形象，完成了一组具有科技感的吉祥物设计。

图 6-3　京津中关村科技城的吉祥物形象——刘韵琦

3.品牌内部因素产生的影响

　　以上两点内容是品牌外部因素对参考形象选择所产生的影响，同样，品牌内部因素也会对参考形象产生一定的影响。品牌理念、品牌文化这类抽象的内容，借由吉祥物拟人的形态能够更直接地传播给大众，因此在参考形象的选择上，也需要充分考虑品牌本身的文化内涵。例如，强调积极进取、奋力拼搏的品牌，选择带有突破性甚至是攻击性的狼、狮子等形象更为符合；崇尚享受生活、融入自然的品牌，选择温和的鸟、鹿等形象显得更为贴切。

知识补充

　　品牌吉祥物的设计离不开参考形象的选择，因为在设计过程中我们还无法做到完全凭空创造，所有的创意、设计都是基于一个已知事物或几个已知事物进行分解、重组而来的。例如，我们最为熟悉的凤凰，是以孔雀作为基本形体，加以人为想象创造出来的神兽；我们看到的许多科幻电影场景，也能够在现实中找到原型。

6.2.2　品牌吉祥物形象简化与拟人化

品牌吉祥物设计的过程是一个不断做减法和变化的过程。选定的参考形象属于现实中的形象，过于复杂和真实，而吉祥物形象却是虚拟的产物，两者之间存在很大的差异，必须通过简化和拟人化进行转化。

1. 简化与保留

参考形象在保留基本特征的情况下，需要进行全面的删减，做到既能识别物种种类，又简洁明了。从骨骼肌肉到皮肤毛发再到四肢形态，甚至是面部的结构，都需要精简，一笔带过，甚至不需要过多考虑逻辑与结构。

例如，京东吉祥物 JOY 以狗作为参考形象（见图6-4）。狗的品种众多，不同品种在形体、细节、颜色上都各有不同，但在吉祥物的设计过程中，主要以形象上的共性为主。JOY 形象保留了狗耳朵下垂的形态，简化了耳朵的内部结构；眼睛与鼻子、嘴巴简化到只以点、线表达位置与大体形态；头部外轮廓直接以倒三角呈现；身体更是简化到一个圆球体伸出四肢，肢体转折结构和手、脚指头的形态也在常规站立状态下进行了简化，只在行走、比赞或拿东西时才会出现。

图 6-4　京东吉祥物 JOY（来源于网络）

极致的简化使形象更为完整，细节的减少也意味着更加便于记忆，物种特点的保留也有利于识别。

2. 拟人化与性格

吉祥物之所以能很好地亲近大众，得益于其拟人的形态和迥异的性格。人以直立行走作为典型特征，吉祥物很好地体现了这一点，大部分吉祥物都是模拟人站立、走路或坐姿进行设计的，也会有符合物种特性的身体形态在适当的时候出现。图6-5的左图为某吉祥物基本形态，好像一个漂浮在半空中的球体；但在右图的动作延展中，也可以伸长手、脚，做出在地面上奔跑或者趴在地面上的形态。

图 6-5　吉祥物基本形态与变形形态

　　不仅如此，吉祥物的设计还可以模拟人的表情，在不同情绪下的表情与动作反应，也能够呈现出吉祥物不同的性格特征。在同样的喜、怒、哀、乐表情变化下，吉祥物的表情也会有不同的调整。图 6-6 所示的吉祥物比较夸张怪异，非常贴合吉祥物的外在形象和内在性格；图 6-7 所示的吉祥物则倾向于呆萌可爱的性格形象。

图 6-6　吉祥物拟人表情变化 1

图 6-7 吉祥物拟人表情变化 2——周于祺

如果说简化是为了保持吉祥物的独特性和辨识度，那么拟人与性格的注入则是为了建立吉祥物与人之间的情感联系。丰富的情感变化也让吉祥物能够更好地与大众交流，使虚拟的形象更加鲜活。

6.2.3 品牌吉祥物形象的拓展与变化

品牌标志需要辅助图形帮助其进行拓展、变化以适应丰富的传播媒介，品牌吉祥物同样需要不断的变化与扩展，并且这样的变化会更加剧烈。吉祥物形象的拓展与变化是以基本形态入手，首当其冲的就是表情包和四肢的延展设计。图 6-8、6-9 中的天猫吉祥物是以猫为参考形象，通过表情与动作的配合展现出丰富的形态变化。将这些变化应用在不同场景的宣传中同样的形象也能给人耳目一新的视觉体验。

图 6-8 天猫吉祥物表情动作延展（来源于网络）

▶ 伤心　　　▶ 得意　　　▶ 胜利　　　▶ 感谢

图 6-8　天猫吉祥物表情动作延展（来源于网络）（续）

图 6-9　天猫官网"猫天天" BANNER 图（来源于天猫官网）

6.3　项目描述

　　本项目针对京津中关村科技城设计品牌旅游吉祥物形象，主要突出"科技"这一主题。基于新城市的历史底蕴和地域文化，受众群体定位为喜欢科技、想了解新兴产业的年轻群体及游客。在设计层面上，既要兼顾文化和历史属性，又要迎合青少年群体的喜好与审美，使之更容易接受。设计之初通过大量的走访调研，提取核心文化元素，并参考众多青少年喜欢的视觉形象，总结群体审美特点。考虑到"科技"这一主题本身带有一层神秘面纱，所以既要从京津的传统文化中寻找灵感（如京津传统相声中的扇子形象元素），又要在形象延展的过程中将科技的特色与吉祥物形象相结合。本设计的重点是将人工智能、智能制造，新能源、新材料，生物医疗与器械，科技、高端设备，创新、医疗五位一体进行结合，达到宣传效果的最大化（见图 6-10）。（项目来源：

北京科技大学天津学院 2023 届视觉传达设计专业毕业设计，刘韵琦；指导教师：冯紫薇。）

图 6-10 京津中关村科技城旅游品牌吉祥物

6.4 项目实施

一、品牌吉祥物基本形态制图

1. 参考形象选择

参考形象选择是品牌吉祥物设计的第一步，在选择之前应充分调研市场、消费群体与品牌内部的特性及需求，再根据这些特性需求寻找一个或者多个现实形象作为参考依据，并将参考依据的观察角度、个体差异等因素都考虑在内。通过不同角度或抓住不同的外观特征进行尝试，选择最具代表性且符合品牌调性的基本形态。IP 形象设计对于相关内容的调研与梳理十分重要，通过对京津中关村科技城的城市文化的调研发现，该城市内涵可以概括成五大要素：产业、城市、文化、景观、人文。通过这些要素，可梳理文化脉络并提取出文化内核作为设计的重心（见图 6-11）。

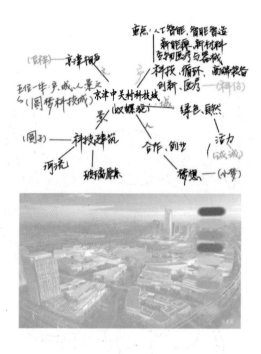

图 6-11　京津中关村科技城要素提取过程

　　通过上述一系列的文化调研、分析、提取，总结出京津中关村科技城的城市底蕴。此 IP 是五位一体的结合物，集玻璃、绿叶、扇子、飞翼于一体，在背后增加了双螺旋元素，使之变成一个整体形象。

2. 吉祥物转化

　　当确定参考形象之后，可以绘制手稿确定具体形态，并在此过程中不断进行主观的取舍与转化，在保留其特点的同时，使其更加具有拟人的形态（见图 6-12）。

图 6-12　京津中关村科技城 IP 手稿

（1）打开 Photoshop 软件，在【文件】菜单中选择【新建】命令，将文件另存为"吉祥物设计 .PSD"。

（2）在【文件】菜单中选择【打开】命令，将手稿打开，按 Ctrl+C 组合键复制手稿，按 Ctrl+V 组合键将手稿粘贴到新建画板中。

（3）选择【钢笔工具】绘制手稿，如图 6-13 所示。

图 6-13　绘制手稿

（4）形成初稿后，将其复制到新建画板中进行备份，并继续调整与取舍，最终确定吉祥物基本形态（见图 6-14）。

图 6-14　吉祥物基本形态

二、形象拓展与变化

1. 确定基本形态三视图

形象的拓展是在基本形象的基础上进行延展，其涉及表情和动作的配合。在扩展之前，需要确定吉祥物的三视图，辅助拓展过程规范统一。

（1）打开 Photoshop 软件，在【文件】菜单中选择【新建】命令，将文件另存为"吉祥物三视图设计 .PSD"。

（2）打开"吉祥物设计 .PSD"文件，将其复制到"吉祥物三视图设计"文件中。

（3）由画面上方拖入标尺，对齐吉祥物头、颈、手、脚等部位。选择【钢笔工具】，绘制出侧面与背面的结构细节，如图 6-15 所示。

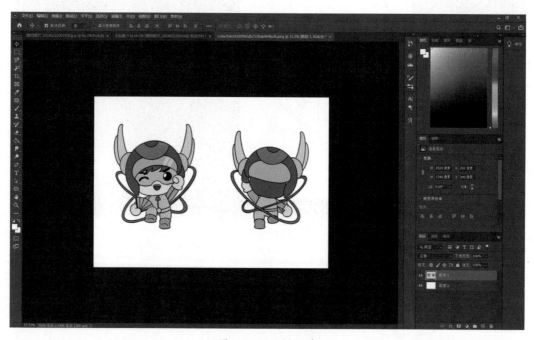

图 6-15　绘制细节

2. 表情及动作延展

在三视图中确定表情变化。吉祥物的情绪与五官之间的变形要搭配，既合情合理，又能体现吉祥物性格特征；既避免出现超出吉祥物性格的表情，又要注意面部细节比例正确舒适。在动作延展部分，需要配合动作调动躯体，在合理范围内拉长或缩短四肢比例，以及调整手指形态。

（1）打开 Photoshop 软件，在【文件】菜单中选择【新建】命令，将文件另存为"吉祥物表情动作设计 .PSD"。

（2）选择【钢笔工具】，绘制出表情延展，如图 6-16 所示。

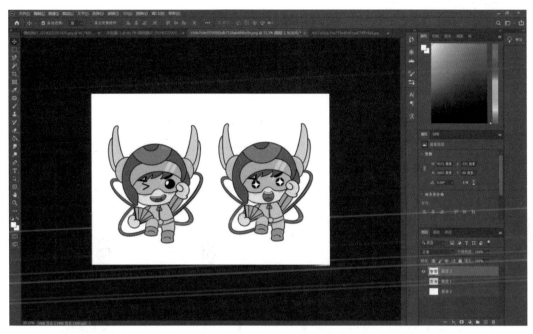

图 6-16　绘制表情延展

（3）选择【钢笔工具】，绘制出包装样机，如图 6-17 所示。

图 6-17　绘制包装样机

案例拓展

"乌力乌力"猫粮品牌吉祥物形象设计

　　"乌力乌力"创立于2018年，一直以猫咪的饮食原始需求为研发核心，以守护猫咪健康为己任，致力于成为中国只关注猫咪健康的高端品牌（见图6-18～图6-20）。"乌力乌力"将主要消费人群定位为年轻的爱猫群体，以高端、个性作为品牌形象切入点（项目来源："乌力乌力"猫粮品牌吉祥物形象设计项目，郝俊山）。

图 6-18　基本形象及介绍

图 6-19　表情延展

图 6-20　动作延展

思 考 及 练 习 题

　　1. 本项目在参考形象选择过程中，保留了哪些内容？又为何删除了一些特征？并且在颜色选择上为何以中国传统颜色作为色板？

　　2. 选择某一传统村落或文物为背景，进行吉祥物形象设计。

项目7 企业专用印刷字体——"枣点" 养生食品品牌形象设计

7.1 项目目标

企业对外宣传及内部行文中经常要用到一些印刷字体，因此，必须事先设定好明确的字体，以配合企业标志及其他基础要素传递更丰富、详细的信息。本项目内容为设计"枣点"养生食品企业指定专用印刷字体并制作出来，用于规范企业对内管理和对外宣传所用的行文字体。从字库中选择适合该企业使用的印刷字体，并标明字体名称。印刷字体是企业用字样式、方式的规范，使企业视觉形象更加统一和完整。

能力目标： 通过本项目内容的学习，了解印刷字体使用规定，掌握企业形象设计中企业专用印刷字体的选择及设计方法。

思政目标： 了解中国传统书法字体及现代计算机字库的相关知识。

7.2 必备知识

7.2.1 企业专用印刷字体的定义

企业专用印刷字体是企业形象策划中 VI（视觉识别）系统的一部分。作为品牌形象识别系统，其基本要素除了标志、字体、标准色等，为企业设计标准的专用印刷字体非常必要。专用印刷字体主要用于企业画册、宣传品等的印刷。注意，专用印刷字体与标准字是不同的，标准字是指企业（或品牌）名称中的标准字，它与标志共同成为企业识别的基础。

一般标准字由设计师根据某种电脑字体变化而成，而作为专用印刷字体，因为实际应用中的使用量大，无法为其创建独有的字体、字形，一般在计算机字库中选择一套或几套与其品牌形象、风格匹配的字形即可，外文印刷字也用同样的方式选定。在实际应用中，大多数专用印刷字体不宜太花哨，应尽量使用正规的字体（如圆体、宋体、黑体）。

7.2.2 印刷字体使用规定

1. 标题字与内文字的规定

标题字和内文字是对应关系，因此需要兼顾处理。标题字与内文字要有明确的区别，使标题字的浏览性得到显现，同时要使内文字适于阅读。一般情况下，标题字的风格可参考标准字体的样式，满足企业字体文化的风格追求；内文字则应与标题字形成一定的强弱对比或风格比较，有所区别，要注重其合理运用（见图7-1）。

图 7-1　标题字与内文字

2. 中文字与外文字的关系

在中文印刷字体设定完成后，可将其作为形式的样板，外文印刷字体按照其思路选取相应字体即可；也可将外文印刷字体依据外文标准字体的设计风格进行形式的追索（见图7-2）。

图 7-2　外文字

3. 数字与符号的规定

完成的中外文印刷字体，要一并提供所选字库的数字和符号样式，形成完整的印刷字体系统，以便于应用（见图7-3）。

Helvetica UltraLight Italic

ABCDEFGHIJKLMNOPQRSTUVWXYZabcdefghijklmnopqrstuvwxyz0123456789~!@#$%^&()_+œ∑˘®†¥¨ø�pi¬˜∆˚©ƒ∂ß*

Helvetica Thin

ABCDEFGHIJKLMNOPQRSTUVWXYZabcdefghijklmnopqrstuvwxyz0123456789~!@#$%^&*()_+œ∑˘®†¥¨ø∑¬˜∆˚©ƒ∂ß

Helvetica Thin Italic

ABCDEFGHIJKLMNOPQRSTUVWXYZabcdefghijklmnopqrstuvwxyz0123456789~!@#$%^&()_+œ∑˘®†¥¨ø∑¬˜∆˚©ƒ∂ß*

Helvetica Roman

ABCDEFGHIJKLMNOPQRSTUVWXYZabcdefghijklmnopqrstuvwxyz0123456789~!@#$%^&*()_+œ∑˘®†¥¨ø∑¬˜∆˚©ƒ∂ß

Helvetica Italic

ABCDEFGHIJKLMNOPQRSTUVWXYZabcdefghijklmnopqrstuvwxyz0123456789~!@#$%^&()_+œ∑˘®†¥¨ø∑¬˜∆˚©ƒ∂ß*

Helvetica Bold

ABCDEF GHI J KLMNOPQRSTUVWXYZab cdef ghij k lmnopq rstuvwx yz0123456789~! @#$%^&*( )∙•«»◊ ‹ ¿„˜ß˘œ˜"¶§

Helvetica Bold Italic

ABCDEF GHI J KLMNOPQRSTUVWXYZab cdef ghij k lmnopq rstuvwx yz0 1 2 3 4 5 6 7 8 9 ~! @#$%^&*®†¥™∑¬˜∆˚©ƒ∂ß

Helvetica Black

ABCDEFGHIJKLMNOPQRSTUVWXYZabcdefghijklmnopqrstuvwxyz0123456789~!@#$%^&*()_+¨•«»◊ ‹ ¿„˜ß˘œ˜"¶§

Helvetica Black Italic

ABCDEFGHIJKLMNOPQRSTUVWXYZabcdefghijklmnopqrstuvwxyz0123456789~!@#$%^&*()_+¨•«»◊ ‹ ¿„˜ß˘œ˜"¶§

图 7-3　数字与符号

4. 字体与尺度的规定

在印刷字体的规范中，还要包含字体的间距、行距、字号，以及字体应用的极差等规定，使企业用字被限定在较为理想的效果中，完美贯彻企业统一形象（见图 7-4）。

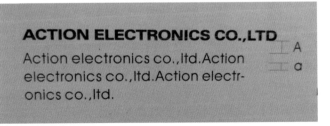

图 7-4　字体与尺度

7.3　项目描述

"枣点"养生食品主要产品形象定位是将枣和坚果食物进行结合，让人们对养生食品有新的认识。卡通风格设计打破了枣的枯燥形象，增添了食品的趣味性，也能体现出"枣点"养生食品的独特魅力。该企业主要针对养生食品及坚果进行创新，从标志、图形、包装、广告等多方面展开设计，力求从产品到品牌推广都能完美体现品牌的形象。此项目主要从字库中选择适合"枣点"养生食品品牌使用的印刷字体，并标明字体名称。

7.4 项目实施

"枣点"养生食品属于食品企业，品牌定位注重健康、绿色、安全三大问题。因此，该企业专用印刷字体要选择明晰、严谨、规范的字体，英文需指定多种，以用于标题正文、说明文字等各种场合。该品牌的中文指定印刷字体为方正字库中的大黑简体、粗圆简体、细黑－简体、小标宋简体及黑体字（见图 7-5）。

图 7-5 中文字体

具体操作步骤如下。

（1）打开 Illustrator 软件，在【文件】菜单中选择【新建】命令，另存文件名为"中文印刷字体 .ai"。

（2）选择【文字工具】，输入"枣点养生食品有限公司"文本，将字号设置为 20 pt，颜色设置为黑色，在属性栏的【字符】下拉列表中选择【方正大黑简体】，如图 7-6 所示。

适用于标题、大标题范畴

图 7-6 设置标题

✿ （3）在刚才输入文字后面的合适位置处插入光标，输入文字"方正大黑简"，设置字号为 9 pt，字体选择【黑体】；利用辅助线使二者对齐，如图 7-7 所示。

✿ （4）重复上面的操作，在印刷文字下方选择合适位置，输入说明性文字"适用于题目、大标题范畴"，标注该样式印刷文字的使用环境，设置字号为 8 pt，字体选择【黑体】。为了增强版式效果，可在每组文字之间的合适位置增加直线或点装线进行修饰。

选中所有对象，然后按 Ctrl+G 组合键编组，如图 7-8 所示。

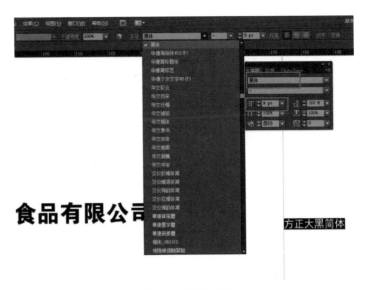

图 7-7　设置字体

图 7-8　编组

✿ （5）使用【选择工具】选择该行文字及其说明文字，按 Alt + Shift 组合键，向下拖动复制文字。

✿ （6）使用【文字工具】选中文字，进入编辑状态。在属性栏的【字符】下拉列表中选择【方正粗圆简体】，修改相关说明文字，如图 7-9 所示。

图 7-9　修改文字属性

（7）重复操作以上步骤，制作其他文字。使用【选择工具】选中所有文字，在【对齐】面板中单击【水平左对齐】和【自动垂直分布间距】按钮，如图 7-10 所示。

图 7-10　对齐文字

（8）选中所有文字，按 Ctrl+Shift+O 组合键，将字符转换为路径（见图 7-11）。

图 7-11　将字符转换为路径

（1）要使用粗体字，应在字库中选择，而不能使用【字体】面板中的【加粗】按钮。

（2）字符转换为路径后，使用【选择工具】【取消群组】【群组】命令和【对齐】面板调整示范文字与字体说明文字的间距。

（3）在版面明显位置注明中文专用印刷字体使用规范，如对印刷字体的使用环境及使用规则等细节进一步进行规范。

（9）最终应用效果如图 7-12、图 7-13 所示。

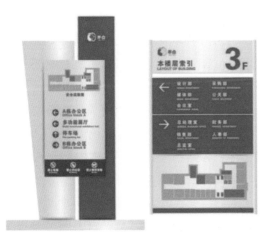

图 7-12　应用效果 1

图 7-13　应用效果 2

知识拓展

字库的由来

"字库"——一个年代久远的名字，也是一个年代久远的文人图腾崇拜载体，作为一种即将消失的历史见证物，我们已经很难再看到。如今，虽然字库塔里没有了灰烬，也没有了燃烧后的余温，但是透过那塔身的小孔，我仿佛看到了曾经文人们焚烧字纸时的虔诚，那似乎是对文字的一种崇拜，是对文字这一传承文明载体的一种尊崇。这也许就是字库塔存在的最初原因吧！这在客家人中体现得十分明显。传说每个客家居住地都建有字库塔，他们从不乱丢、乱处理有字的纸，而是将有字的纸集中起来在字库塔中进行烧毁，否则就是对文字、对文化的不尊重。（来源：360百科）。

计算机字库按字符集可分为中文字库（一般是中西混合）、外文字库（纯西文）、图形符号库。外文字库又可分为英文字库、俄文字库、日文字库，等等。市面上常见的字库品牌有微软字库、方正字库、汉仪字库、文鼎字库、汉鼎字库、长城字库、金梅字库，等等。方正字库在2001年发起了首届方正奖字体设计大赛，旨在通过字体设计征集的形式挖掘和培养优秀中文字体，提升大众对字体价值和重要性的认知。此后每两年一届，到2020年第十届方正奖字体设计大赛颁奖时，历时将近20年，先后有一万八千多名字体爱好者、设计师、设计专业师生参加，对弘扬中华汉字文化起到了积极的推动作用。

思考及练习题

1. 随着传统文化对品牌的渗透，是否需要在规范字体中设置更多的书法字体，以适应品牌形象，展示中国风、国潮等设计风格？

2. 根据本项目所学的内容，选择一个商业品牌，并进行企业印刷英文字体的设计。

项目 8　VI 基本元素的组合规范及表现
——"小汪糕点"品牌形象设计

8.1　项目目标

　　企业形象识别系统中，标志与标准字体的组合作为最基本元素的规范组合，在表现及运用过程中，必须对其进行多种形式的使用规范约束，使品牌适用于各种不同的媒体或场合，有效确保企业视觉识别系统的对外一致性。本项目结合"小汪糕点"品牌形象设计中标志与标准字体的组合规范及表现，着重对企业视觉识别系统中基本元素组合规范的设计原则、组合方式的使用与禁用规定等内容进行具体分析，使之成为系统化的标准规定，供日后应用设计的需要。

　　能力目标：通过本项目内容的学习，了解 VI 基本元素组合规范的设计原则，掌握标志与标准字体组合方式的使用与禁用规范，并结合品牌视觉形象的使用范围，合理调整标志与标准字体之间相互位置及比例关系，使之形成明确的独立区域，充分展现品牌形象的严谨统一，强化标志组合形式的视觉塑造能力。

　　思政目标：提高学生的专业技能，开阔学生视野，鼓励学生大胆尝试和创新，使学生能够独立完成具有审美与象征意义的标志设计，培养学生独立思考与解决问题的能力，善于沟通与团队合作的能力，以及整体策划与动手实践的能力。

8.2　必备知识

8.2.1　VI 基本元素组合规范设计原则

　　VI 基本元素组合规范是通过对品牌标志、标准字等基本元素的组合设计，塑造出有内涵、有美感的统一视觉识别体系，从而形成视觉上的差别感及冲击力，令品牌适应于各种不同的媒体和场合，使之成为一套规范化、系统化、统一化并综合各种基本元素富有延展性的组合模式，以保证企业视觉识别系统对外的一致性。通常要遵循以下原则。

1. 统一性

在企业形象识别系统中，为确保不同形式传播媒体和宣传场合的形象统一，更好地塑造企业形象或树立企业信誉，标志与其他基本元素的组合必须保持完整的统一性，以便在灵活多变的应用中清晰有序地展现品牌标志、名称等企业信息，塑造出始终统一的企业视觉形象。因此，应合理组合运用 VI 基本元素，集中强化企业形象，使信息传达迅速有效，给消费者留下深刻印象。例如，中国移动品牌标志根据不同的环境和功能需求，在视觉呈现上拥有多种组合形式（见图 8-1）。

图 8-1　中国移动品牌标志的组合形式

2. 系列性

为扩大企业影响力，更好地传达品牌形象，需要企业或品牌形成规模性、系列化的视觉呈现形式。例如，企业不同产品的系列广告，需设定不同规格的形式、尺寸等元素，再根据产品的变化随时调整广告内容，以确保信息传达得清晰与准确，并向消费者渗透企业文化、品牌理念和服务水准等信息，充分满足企业多元化发展的需要。例如，RIO（一种预调酒）根据不同系列产品设计出多种主题宣传海报，标志组合形式也随之发生变化，使之营造出品牌形象的整体美感（见图 8-2）。

图 8-2　**RIO 系列宣传海报**

3. 通用性

VI 基本元素组合规范代表着企业信誉，是建立企业形象的关键一环。因此，标志在与其他基本元素组合使用过程中，为确保不同形式的品牌标志与各种使用场合或载体环境相协调，应根据标志组合的制图规范尺寸，选择不同的应用范围，合理调整标志组合元素之间的位置及比例关系，切勿因改变尺寸范围、工艺材料等因素使消费者产生视觉误差，使企业视觉形象在任何情况下都能始终保持统一。当标志的组合元素受到条件制约不能使用标准彩色稿时，则可使用反白稿来保证统一准确的形象识别，如图 8-3 所示。

图 8-3　中国移动品牌标志

8.2.2　VI 基本元素的组合规范

一、VI 基本元素的组合类型

在企业形象识别系统中，为确保企业或品牌信息得到有效传达，需按标准有序组合运用 VI 基本元素，通常有以下几种形式（见图 8-4 ～图 8-7）。

- 品牌标志＋品牌中文名称全称/简称。
- 品牌标志＋品牌英文名称全称/简称。
- 品牌标志＋品牌中英文名称全称/简称。
- 标志＋品牌名称。
- 标志＋企业名称或品牌名称＋企业特形图案。
- 标志＋企业名称或品牌名称＋企业宣传口号、广告语等。
- 标志＋企业名称＋地址、电话号码等资讯。

图 8-4　中国移动品牌标志＋企业中英文全称的组合

图 8-5　北京奥运标志 + 吉祥物的组合　　　　图 8-6　北京奥运标志 + 宣传口号的组合

图 8-7　中国移动品牌 +and 和 + 地址、电话号码等资讯的组合

二、基本元素组合的使用规范

品牌视觉形象的基本元素在应用过程中不能只是简单地堆砌、排列，需要充分考虑各元素是否协调与均衡，并建立主次清晰的视觉等级。尤其是在实际应用中，应根据不同媒介的规格要求与排列方向，将标志与其他基本元素进行组合，设计横排、竖排、大小、方向等不同的组合方式，并根据项目具体需求进行有效选择。

1. 突出基本元素

通常文字与图形标志进行并列排放时，称为标志组合。首先，标志组合一般具有明确的独立区域，为使标志组合元素从背景或周围元素中脱离出来，需将基本元素组合和其他视觉元素按照视觉流程进行安排，如"一"字形和"品"字形的组合造型（见图 8-8）。其组合样式不宜过多，否则会影响品牌的传播效率。其次，还应充分考虑基本元素组合的空间和谐感，并特别设定四周空间的不可入侵范围，避免品牌标志在传播过程中与其他元素混淆而产生不良效果，确保品牌标志能清晰有效地传达企业形象，使标志组合元素在各种情况下都能实现最佳的视觉效果（见图 8-9）。

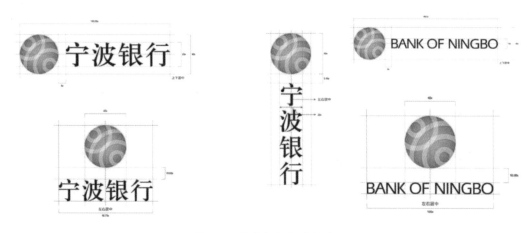

图 8-8　宁波银行标志组合

图 8-9　中国网通标志组合的安全空间

2. 标志同其他元素之间的比例尺寸、间距方向和位置关系

为满足标志与其他基本元素之间具有比例均衡的组合构成及协调舒适的空间关系，企业标志与其他基本元素的各种组合，包括位置、距离、方向、大小等都要给予详细的规定，并建立各种基本设计元素的多种组合形式，使其标准化，以彰显品牌形象设计的规范性和系统性。因此，应严格遵守标志与标准字等各元素之间的相互位置及比例关系，不得随意更改，务必做到严谨准确，避免模糊变形，使企业视觉形象在任何情况下都能始终保持清晰统一。

三、基本元素组合的禁用规范

基本元素组合的禁用组合形式主要是指在品牌视觉形象识别系统的推广与运用中，为了避免由于人为因素产生误差而出现一些随意使用和组合的情况，而特别制定和指出应该注意的不能应用的形式，并提供给品牌形象管理的有关人员，要求其在运用和管理时严格把关。因此，有必要在 VI 手册中对禁用规范进行详细说明（见图 8-10）。

- 在规范的组合上增加其他造型符号。
- 规范组合中基本元素的大小、色彩、位置等发生变化。

- 基本元素进行规范以外的处理，如标志变形、加框、立体化、网格化等。
- 规范组合中出现字距变化、字体变形、压扁、斜向等形态改变。

标志及标准组合禁用示例

标准组合未规范使用

标准组合未规范使用标准字

标准组合未规范使用标准色

标准组合基础形态不符合规定

标志在底色上的错误应用

图 8-10　中国邮政银行禁用组合使用规范

8.3　项目描述

　　本项目主要针对"小汪糕点"品牌形象设计中标志与标准字体的组合规范（见图 8-11）。它采用文字与图形相结合的方式，整体外形为圆形，类似一个盘子或者是蛋糕的形状：圆形里面采用上下的布局结构，上方以蛋糕盒的简约形式，搭配麦穗形状的提手，象征着糕点企业精心挑选的原材料，也有健康的寓意。下方则是"小汪"文字与打蛋器相结合，突出企业形象特征，展示了行业特点。最下方是"小汪糕点"四个字及其拼音组合。（项目来源：北京科技大学天津学院 2020 届视觉传达设计专业毕业设计，胡佳敏；指导教师：冯紫薇。）

图 8-11　"小汪糕点"品牌形象设计

8.4　项目实施

1. 标志组合元素应用规范

标志与标准字体的组合是企业视觉识别系统中最基本、最常用的规范组合方式。为保证企业视觉形象能被清晰传达，其组合造型一般以横式和竖式组合为主，并在绘制过程中将标志与标准文字之间的位置、间距、比例关系等进行标准而严谨的约束，以规范日后应用设计。此外，根据不同的应用场合和环境，还可自主设定其他组合方式，但组合样式不宜过多、过杂，避免影响企业形象的有效传播。本项目中，标志与标准文字的组合规范除了常用的横式和竖式组合以外，还特别规定了上下式组合规范及其比例关系（见图 8-12）。

图 8-12　"小汪糕点"企业标志上下式组合规范

企业的辅助图形包括，①"小汪糕点"企业标志上下两部分，即"简约的蛋糕盒""文字与图形相结合的小汪"；②麦穗，象征着糕点企业精心挑选的原材料和健康的寓意；③餐具，展示糕点店的特质（见图 8-13）。

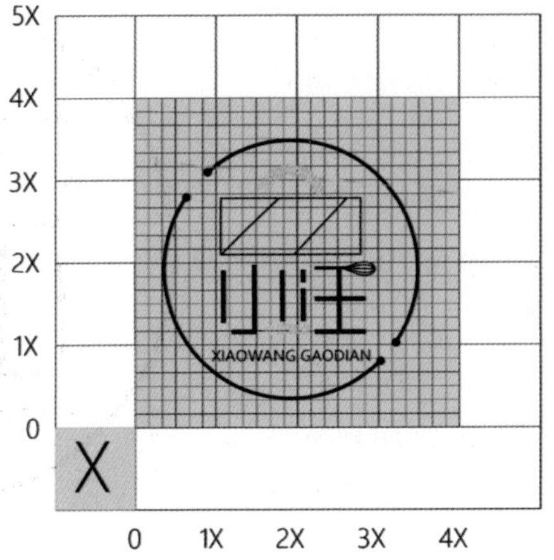

图 8-13 “小汪糕点”企业标志规范制图

2. 标志组合元素禁用规范

在企业形象识别系统中，为保证品牌标识始终以最佳造型呈现，在 VI 手册中不仅要对标志组合元素的使用规范进行明确说明，还必须对规范组合中基本元素的色彩、位置、大小、样式等错误的组合使用情况进行严谨约束及示范，以避免标志组合元素在使用过程中因不严谨而造成消费者对品牌失去忠诚度，从而影响品牌形象的塑造。因此，标志组合元素的禁用规范也务必引起重视，通常在 VI 手册里是以“\”“×”等禁止符号进行明确标注（见图 8-14）。

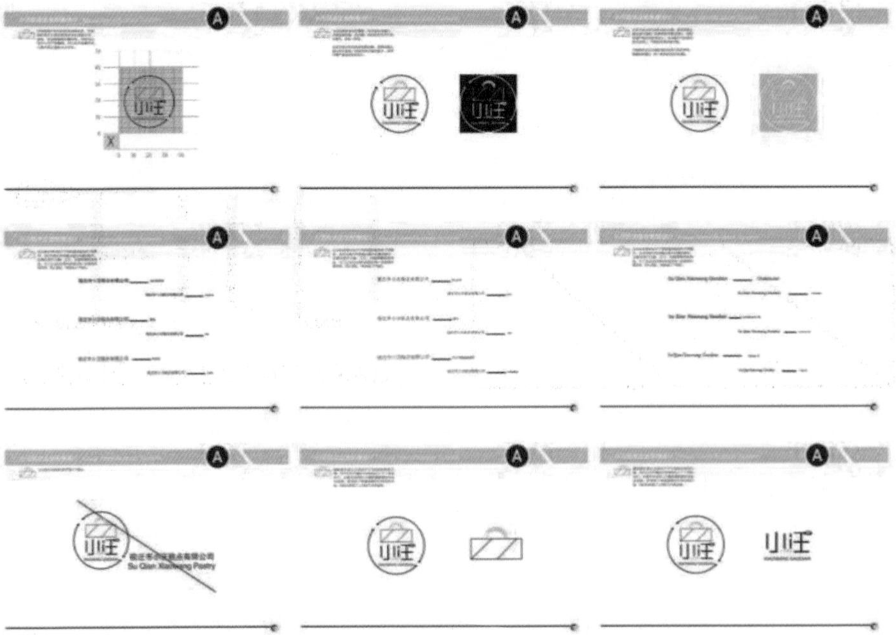

图 8-14 “小汪糕点”企业标志禁用规范

案例拓展

链家网品牌形象设计组合规范

　　链家网品牌形象为适应不同场合环境、工艺材料、尺寸规范、文化需要，设计了多种组合规范，如标志与口号、标志与联合品牌的组合规范，使视觉形象在不同情况下始终保持一致，如图 8-15 ～图 8-19 所示。

图 8-15　标志与口号组合规范

宣传片片尾Logo版式（1）　　　　　　　　　　　　宣传片片尾Logo版式（2）

图 8-16　标志使用规范 1

图 8-17　标志使用规范 2

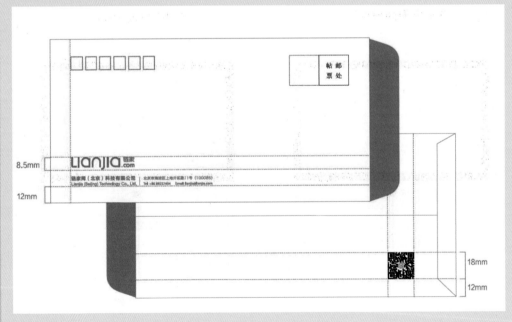

图 8-18　宣传广告横版使用规范

图 8-19   宣传广告版式使用规范

思考及练习题

1. 标志组合规范中经常出现的错误形式应该如何避免？

2. 色彩规范中的色彩禁忌为什么与使用环境密切相关？

Part III

从品牌视觉到
品牌应用

　　品牌形象要素的应用设计是对品牌基本要素在各类媒体上的应用做出具体而明确的规定，当品牌视觉系统最基本的要素被确定后，就要开发应用项目。品牌应用系统会因为品牌规模、产品内容的不同而有不同的设计形式，并通过系统化设计来实现品牌视觉传达的统一性和一致性。

项目9 办公事务用品设计——"冀茶语"奶茶品牌形象设计

9.1 项目目标

企业视觉形象设计是一个不可忽视的重要环节，而最突出的代表是办公事务用品，它是企业形象用品中让商业受众直接产生视觉形象的最好媒介，是兼具功能价值与审美价值的视觉呈现形式。本项目内容通过对"冀茶语"品牌形象设计中的办公事务用品设计部分进行具体讲解，有针对性地剖析办公事务用品具体包含的设计内容、功能和适用情况，以及注意要点等，更好地发挥出办公事务用品的传播作用，使视觉形象更统一、更严谨，打造出完整、系统的品牌视觉效果。

能力目标：通过对品牌办公事务用品设计的学习，了解办公事务用品设计的定义、重要性、内容及原则，掌握企业办公事务用品设计的方法与要求，加强品牌视觉形象设计的一致性、规范性和美观性。

思政目标：通过一系列的设计案例分析与实践，了解传统纹饰的样式与特性，掌握对传统纹饰的再塑造能力，领悟传统文化的表象元素与精神内涵。

9.2 必备知识

办公事务用品是企业信息传达的基础单位。在企业诸多的视觉传播媒介中，办公事务用品应用面广、作用时间长，是所有企业或品牌都必须具备的传播工具。办公事务用品类的主要设计一般包括企业标志、企业名称（全称或略称）标志字、标准字体、标准色彩、企业造型、象征图形、企业署名，地址、电话、传真、电子邮箱、网址，企业标语及口号、营运内容、事务用品名称（如请柬、合同书），以及图形、文字、构图、肌理、制作工艺等。

9.2.1 办公事务用品的定义

办公事务用品以对外信息交流和对内管理文件及资料为主,包括名片、信封、信纸、工作证、铭牌、徽章等交流用品,电子及纸媒资料盘、袋、盒等内部文件用具等。

9.2.2 办公事务用品在品牌形象设计中的重要地位

1. 办公事务用品属于最基础的应用系统设计之一

企业形象设计是由企业经营理念、行为活动规范与视觉传达设计所构成的。其中,视觉形象设计是一个不可忽视的重要环节,其最突出的代表是办公事务用品,它以基本设计系统的内容作为基本要素,其内容最终是为应用项目服务的。

2. 办公事务用品是具有审美价值的独特文化形式

办公事务用品作为应用部分最为基础的设计内容之一,其不仅对外能树立企业的整体形象,丰富及延伸企业的内涵和经营理念,统一和强化企业整体视觉形象;对内也能够树立起企业的威信,提升员工的向心力,映射出企业的文化内涵。

9.2.3 办公事务用品的内容

1. 名片

名片是社交场合的重要媒介之一,素有"小空间,大舞台"的美誉,方寸之间浓缩着企业文化特质和行业归属特性。它利用人与人之间最短的距离,展示、宣传企业与推销个人形象。在社交场合下,名片不但具有提示功能,而且还可形成个人信息网络,促进对外交流与联络感情。因为名片有双重功用,所以在创意空间、版面构成、表现技法上,也同样有其施展的空间。

在名片的设计之中,包括名片规格、结构的设定,信息的布局,印制材质及印刷工艺的确认等工作。国内常用名片规格为 90mm×55mm、90mm×60mm;美式常用尺寸为 90mm×50mm;欧式常用尺寸为 85mm×54mm。为了方便存放于标准的名片夹 / 架中,名片一般不会大于国内常用尺寸限定,但可以小于此尺寸。横排和纵排图文信息均可,在编排中注意突出名字这个主体信息,同时可以在结构和制作工艺上进行突破,以凸显特定的个性视觉形象。名片虽小,但在其设计中可以突破的方面和角度有很多,凸凹版、镂空等特殊工艺成本较高,但能够有效体现个性形象(见图 9-1)。

图 9-1　各种特殊工艺的名片设计

名片尺寸虽有限定，但通过折叠可以将大的面积进行压缩，所以折叠名片也是常用的名片结构方式，其标准折卡尺寸为 90mm×95mm，竖版或横版折卡均可（见图 9-2、图 9-3）。

图 9-2　竖版折卡名片设计　　　　　　图 9-3　横版折卡名片设计

名片可以通过不同的色彩和差别较大的布局方式让正反面给人截然不同的印象，强化对于企业视觉信息的多重形象印象（见图 9-4）。

图 9-4　不同色彩和布局形式的名片

2. 信封

信封设计要依据国家标准，按照通信对象、地区、使用途径以及规定位置合理注释符号、图形及企业相关信息，达到最适合的美感识别。信封的版式设计技巧非常灵活，除了不能用航空的红蓝色框相间外，其余的色块框都可以用，而且有个性的边框往往最能抓住人们的视线。如何善用图形和图案在设计中显得尤为重要，因为图形和图案的视觉语言强烈，可以吸引收件人的注意力，激发其好奇心。另外，信封的封口是点睛之处，其设计得是否巧妙，将直接影响封面设计的效果和收信人的开启行动（见图 9-5）。

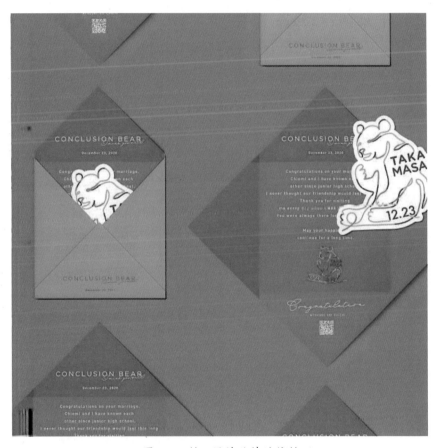

图 9-5　封口设计独特的信封

（来源：https://www.gtn9.com/work_show.aspx?ID=DA06FAB690A9F4FB&page=3）

信封包括标准信封和特制信封。

（1）标准信封需要依据国家邮政标准所规定的尺寸和封面信息布局，以及印制材料、工艺等要求，进行图文信息的编排和设计。信封的粘贴、折叠不在限定中，可以根据设计的需要进行个性化处理，原则是合理利用纸张，如设计尺寸符合纸张开度等。

知识链接

2004 年 6 月 1 日开始执行新的国家信封标准（见图 9-6）。国内标准如下。

- B6 号：176mm×125mm，与现行 3 号信封一致。
- DL 号：220mm×110mm，与现行 5 号信封一致。
- ZL 号：230mm×120mm，与现行 6 号信封一致。
- C5 号：229mm×162mm，与现行 7 号信封一致。
- C4 号：324mm×229mm，与现行 9 号信封一致。

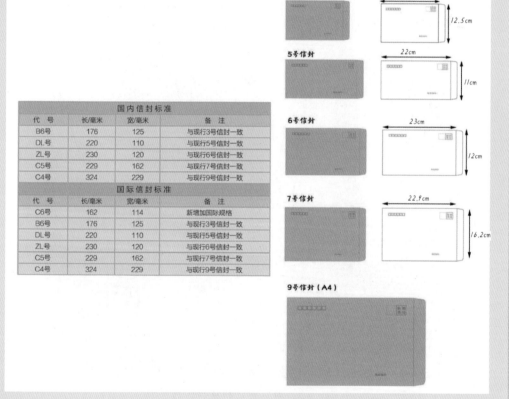

国内信封标准			
代 号	长/毫米	宽/毫米	备 注
B6号	176	125	与现行3号信封一致
DL号	220	110	与现行5号信封一致
ZL号	230	120	与现行6号信封一致
C5号	229	162	与现行7号信封一致
C4号	324	229	与现行9号信封一致
国际信封标准			
代 号	长/毫米	宽/毫米	备 注
C6号	162	114	新增加国际规格
B6号	176	125	与现行3号信封一致
DL号	220	110	与现行5号信封一致
ZL号	230	120	与现行6号信封一致
C5号	229	162	与现行7号信封一致
C4号	324	229	与现行9号信封一致

图 9-6　国内、国际信封标准尺寸

　　在标准信封的材料上，一般的信封用 80 ～ 15 克的普通纸即可，中号以上的信封常用铜版纸、双胶纸、亚粉纸、牛皮纸、彩色牛皮纸，特殊的信封可选用 80 ～ 230 克的特种纸。

　　一般只能利用信封的右下角安排发送单位的设计元素。

（2）特制信封可以自由运用设计空间，制定特需的规格和结构方式，并自由地进行表面图文信息排布。但特殊的尺寸和封面信息布局不适于邮政投递系统的自由分拣，在使用中以自行发送或装入标准的大信袋邮寄为主。在设计中，特制信封要保持与信纸等相关载体设计风格的一致性。

企业信封有普通型、长型、开窗型等多种形式，也有各种各样的尺寸。信封设计要服从于企业的整体视觉形象，设定署名的表示方法时要考虑书写形式，记录方法，企业的标志及其他要素的位置、尺寸。图 9-7 是一组信封的设计方案，设计师对图文信息的组合及象征纹样的处理恰到好处。

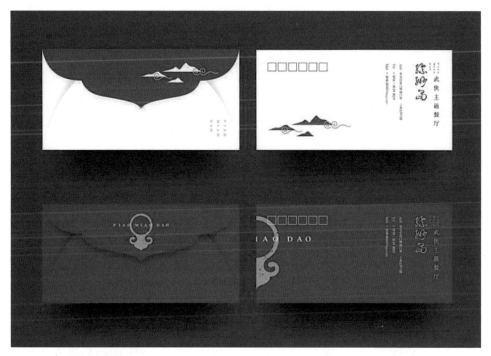

图 9-7　武侠主题餐厅信封设计

（来源：https://www.zcooL.com.cn/work/ZMTIyOTEwODA=.html）

3. 信纸

信纸常常是企业或机构与其消费者或客户联系的基本媒介，同时也是个人或企业团队形象的意识表现。在以往的设计领域中，它常被忽略，人们普遍认为这只是商业通函交往，致使其流于一般的形式，毫无生气。随着办公自动化的实施，今天的信纸已经成为一个可以自由发挥设计想象的平面空间（但在设计中要注意预留合理及足够的书写区域）。同时，信纸需要与配套的信封在设计样式、风格趋向上保持应有的关联，使其在内外信息交流中组成一个特殊的视觉形象传递群组。图 9-8 中的这组信封、信纸和名片的设计，活跃的图文排版样式所传递的视觉信息非常丰富，个性突出。

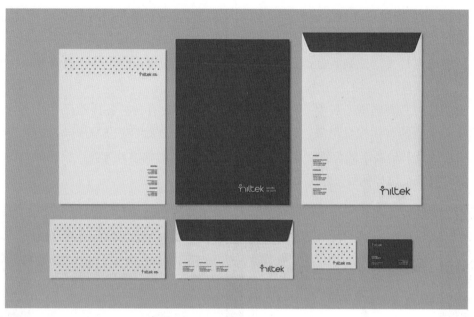

图 9-8　图文编排样式活跃的信纸、信封、名片设计

（来源：https://huaban.com/pins/4431055514）

　　这组案例中，信封和信纸的关联在于对信纸背面及信封内部的非信息传递主体空间的设计。采用这种印制成本较高的设计方案，目的在于突出企业对各方面品质的追求。这个设计可启用象征纹样之类的方案（见图 9-9）。

图 9-9　信封和信纸关联度较高的设计形式

（来源：https://www.zcool.com.cn/work/ZMj03OTQxMDQ/html）

图 9-10 呈现了一组信纸设计的手法，通过色彩的区别将不同状态下使用的信纸进行区隔和联系，来体现管理的有序性。这个设计启用了辅助色彩系列的部分方案。

图 9-10　不同配色的信封设计

（来源：https://www.gtn9.com/work_show.aspx7IDnEC6E2165FD5D5894）

4. 便笺

便笺的设计样式一般与信纸基本一致。通常便笺的设计内容应比信纸少，因为信纸对于企业来说更为正规。当便笺的尺寸过小时，其他的设计元素可以忽略，甚至只对企业标志或一些装饰纹样做淡化处理，以腾出用于书写的功能区域。

便笺的用途是画草图、速记及记事等，不作为正式文件用纸。人们往往将便笺的尺寸设计为标准信纸的缩小版，以便在保持视觉上一致的同时，提供更为紧凑和便利的书写空间。常用的缩小比例有 1/2、1/3、1/4、1/6、1/9 等。便笺的材料多半使用再生纸，但也有一些有实力的企业和机构对文头纸的要求较高，尤其是企业中的接待、客户服务等部门就不能太过节约。使用质地较好的办公用纸，也能凸显企业的形象及服务品质（见图 9-11）。

图 9-11　企业便笺纸设计

5. 工作证

工作证卡的标准尺寸是 85.5mm×54mm，稍大尺寸的有 70mm×100mm，也可以根据自身需要选择证卡尺寸。设计时，需要选择造型、尺寸、佩戴方式、材料、制作工艺等，并须对图文信息进行布局。

工作证设计分为正反两个面。正面一般包含个人照片、姓名、职务、企业 Logo 等个人信息，反面一般包含公司名称、网址、二维码等信息（见图 9-12）。

图 9-12　工作证的一般范式

6. 徽章

　　徽章通常用于特殊的身份标志或纪念性标志。除了标明基本的形象外，徽章还可以在造型上进行突破。图 9-13 的案例中提供了一些徽章样式，从中可以看到这些载体中图文信息相对简洁明确，注重基本的视觉形象传递。

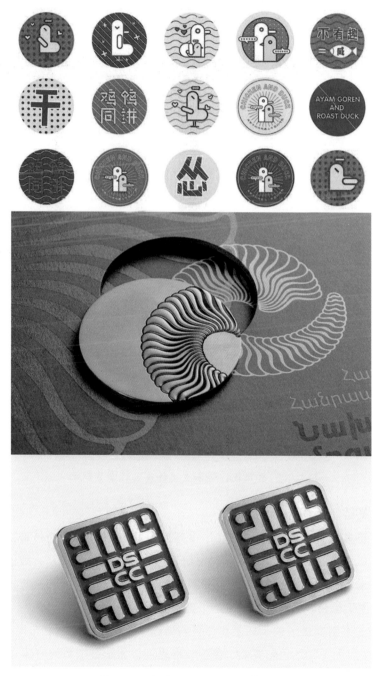

图 9-13　各类不同风格的徽章设计

7.文件夹和档案袋

文件夹、档案袋多为企业内部用品，但良好的设计在企业内部人员对企业的归属感和荣誉感的培养上具有潜移默化的影响力。在设计中，二者要保持对于统一视觉形象、一致的设计风格与设计品质的追求。

图9-14中的案例提供了关于文件夹和档案袋结构以及表面图文信息布局的设计方案参照。这个设计中启用了辅助色彩案例、象征纹样系列、色彩造型系列的部分方案。

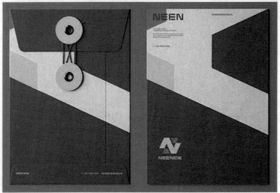

图9-14 翻盖式、带扣式文件夹和档案袋结构

8.杯子、杯垫、杯套

杯子和杯垫多为企业对外使用用品，良好的设计能够加深企业外部人员对本企业的辨识度和认可度。在设计中，二者需要保持对于统一视觉形象、一致的设计风格与设计品质的追求。杯垫可以根据企业自身需要定做与杯子相配套的视觉风格。对于一些纸杯，为了便于携带，还可设计出相应的杯套。

图9-15中的案例提供了关于杯子和杯套的结构以及表面图文信息布局的设计方案参照。这个设计中启用了辅助色彩案例、象征纹样系列、色彩造型系列的部分方案。

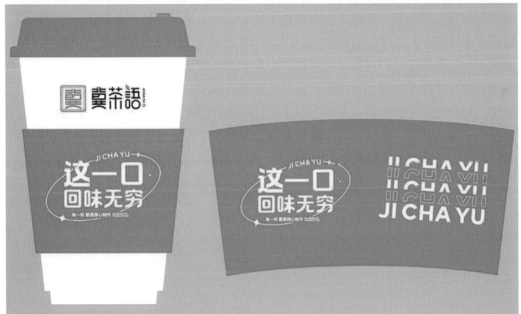

图 9-15　两组不同纸杯、杯套的结构设计

9.2.4　办公事务用品设计的原则

1. 形式统一的风格化设计

在办公事务用品的设计中，应以企业理念、视野、特征为依据，力求形象统一的同时，对设计进行风格化的处理，在版面疏密、节奏编排上仔细推敲，借助辅助设计元素进行装饰。同时，纸张的运用和印刷工艺的独特视觉效果，可以使整个办公事务用品设计具有强烈的识别性。

2.注意使用规范及人们的使用习惯

在对办公事务用品的风格进行设计时，还需注意用品的使用规范。例如，信封的规格、尺寸必须严格按照国际统一标准，其中邮政编码、邮票的位置都有统一的要求。例如，在一些公函中，过于个性化的信纸规格会给人不严谨、不礼貌的感觉，因此，信纸要按照人们的惯用尺寸进行设计。同时，人们在书写信件时，左上角是书写称呼的地方，将企业的识别符号设计在信纸的左上角，会令人感觉不礼貌，因此，在设计时需将左上角空置。

9.3 项目描述

此项目主要介绍河北地方文化特色"冀茶语"奶茶品牌的形象设计。在设计中，结合靳埭强设计大赛，考虑将地方具有代表性的传统建筑及文化元素植入奶茶的品牌，展现河北的文化特色，进而增强大众对河北文化的尊重与认知。河北有着优秀的文化底蕴，但很少被人们熟知。现今，众多的奶茶品牌出现在大众的视野中，深受人们的喜爱。将河北文化融入奶茶品牌当中，可让群众更好地了解河北文化。品牌形象视觉系统是运用完整的、统一的视觉化形象来设计系统。视觉传达的识别是静态识别形象具体表现、视觉化的表达形式，项目最多，层面最广，效果最直接（见图9-16）。

图 9-16 "冀茶语"奶茶品牌形象设计——张明远

9.4   项目实施

从本节开始,我们将进入品牌 VI 应用部分的设计与制作。企业 VI 的基础部分尽可能将企业形象凝缩、抽象化,但是只有通过应用,基础设计才能得以充分体现并被社会关注。应用设计虽然灵活,但其中涉及的基础元素都应严格按照基础设计执行,不得随意改动。应用部分应在不影响认知和使用的前提下传达企业理念信息,并努力做到统一、美观与个性的和谐。

办公事务用品是大多数 VI 应用部分的项目,包括企业职工使用的名片、信纸、便笺、工作证、记事本、文件夹、档案袋、票据、杯子和杯套等。办公事务用品是职工接触最多的物品,优秀的设计能够增强企业职工的归属感和凝聚力;同时,名片、票据等也是企业与受众沟通的桥梁,担负着对外交流的重要职责。本节的任务是设计与制作办公事务系统中的名片、信封、信纸。

任务 1   名片设计与制作的步骤

在名片中,要有企业标志、标准色、标准字等元素。名片的设计需要使用颜色、字体、字号、底纹、版式等以突出企业文化,同时还要考虑名片的视觉流程。而名片的视觉流程与名片的排版顺序、颜色规划及字号有直接关系。

运用基础部分的元素为企业设计名片,制作出来后标注尺寸,最终效果如图 9-17所示。

图 9-17   名片最终效果

一、名片设计

本名片选择常用尺寸 90mm×60mm。名片版式被分割为左右两个部分,左边只放置标志和中文标准字组合,以突出企业视觉形象。右边空间整体右对齐并向下放置,上部分适当留白，下部分放置姓氏和性别，再下面用小一些的字体放置电话、邮箱、地址信息。这样，名片被分成功能明显的三个部分，可传递出明确的信息，而且运用字体的大小和空间的变化恰当地引导了视觉流程，即先看到企业的标志和标准字组合，其次是姓氏和性别，接下来是手机号码、邮箱地址、公司地址。名片整体设计风格清新，富有活力，信息传递明确，体现出了品牌的特征。

1. 名片设计要求

名片是品牌信息对外传达的重要途径之一，使用机会很多，其品质会直接影响品牌形象的树立。因此，名片设计必须做到文字简明扼要、清楚完整；文字层次分明，信息传递功效强；艺术风格新颖，便于记忆等。制作名片应注意突出品牌标志以及使用者姓名，同时名片字体与颜色也要具有统一性。

大企业可以设计多种名片，并形成一个系统的名片体系，利用企业辅助图形、辅助色等元素来区分不同部门与职业。

2. 名片视觉流程

名片的视觉流程顺序受视觉的主从关系影响。合理的名片设计，一般有一个明确的视觉层次，引导人们首先看什么，然后看什么，最后看什么。一般来说，企业名片以宣传品牌形象为第一任务，名片的视觉中心是企业标志，其次是个人姓名，最后是品牌信息。很多品牌为突出形象，把企业标准色和标志标准字组合后单独印制在名片的一面，另一面放置人名和企业信息。还有的企业设计可折叠名片，这样就有足够的空间用于设置企业理念文字或广告语。

3. 名片设计创新

我们可以从名片的外形、材料、排版、印刷等角度进行创新，以增强其艺术感染力和个性（见图9-18）。但设计创新不可以牺牲功能性为代价，更不能偏离设计定位。

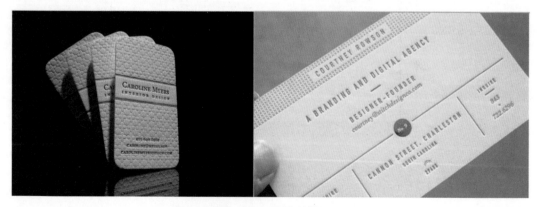

图9-18　设计创新

（来源：http://www.95408.com/chicun/3211.html）

4. 名片的制作工艺

1）名片的印刷工艺

为了使名片的设计效果更好，设计师常会运用各种印刷加工方式制作名片。名片设计常用的加工方式如下。

- 上光：上光可以增强名片的耐用性与美观性。一般名片上光常用的方式有上普通树脂、涂塑胶油、裱塑胶模、裱消光塑胶膜等。通过运用以上方式，可使名片看起来更加精致。

- 扎型：即为打模，指以钢模加压并将名片切成不规则造型。此类名片往往突破了传统尺寸的限制，展现出更大的变化性和创意，成本也较高。图9-19所示的名片采用道路清洁标志造型，设计形式与品牌相贴合，非常有新意。

- 在纸面上压出凹凸纹饰，以增强名片表面触感。

- 打孔：类似活页画本穿孔。打孔名片的个性突出，便于查找。图9-20所示为采用打孔工艺的名片设计，别具一格。

图 9-19　新颖名片　　　　　　　　　　图 9-20　打孔名片

（来源：http://www.95408.com/chicun/3231.html）　（来源：http://www.95408.com/chicun/3211.html）

2）名片的颜色选择

名片颜色可分为单色、双色、彩色和真彩色，用于确定不同的印刷次数。以四色印刷为例，每增加一色，成本贵一倍。如果用专色，价格会更高一些。

3）名片印刷

目前，名片印刷主要有三种方法：最简单的方法为激光打印；其次为胶印；丝网印刷最复杂，使用相对较少。

- 激光打印：这是目前使用比较广泛的名片印刷方式。胶印和丝网印刷也离不开激光打印，它们的制版是靠激光打印来完成的。目前，激光打印可分为黑色和彩色两类，可分别形成不同档次的名片。

- 胶印：这是目前使用最多的名片印刷方式。它比激光打印复杂很多，首先把设计好的名片样版打在转印纸上，或者出片成印刷菲林，然后用晒版机把转印纸或菲林上的中片样版晒到名片专用 PS 印刷版上，把晒好的 PS 版装上名片胶印机后即可印刷。

- 丝网印刷：因其不太适合纸上印刷，这种方式在名片印刷中很少用到。丝网印刷与胶印一样，也需把设计好的名片样版晒在转印纸上，或者制成印刷菲林，然后用丝网专用晒版机把转印纸或菲林上的名片样版晒到丝网印刷版上，再把丝网版装上线网印刷机即可印刷。

二、名片制作步骤

步骤 1：制作名片外框

（1）在 Illustrator 软件的【文件】菜单中选择【新建】命令，另存文件名为"名片 .ai"。

（2）在属性栏中单击【首选项】按钮，弹出【首选项】对话框（调出【首选项】对话框的快捷键是 Ctrl+K，也可以使用【编辑】|【首选项】命令），设置【单位】为毫米，如图 9-21 所示。

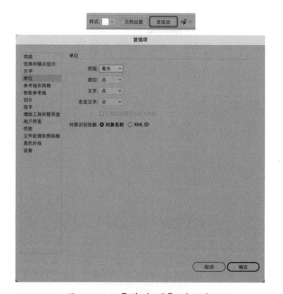

（3）选择【矩形工具】，在画面上单击，设置矩形【宽度】为 90mm，【高度】为 60mm，单击【确定】按钮；设置【填色】为，【描边】为黑色、0.25 pt，如图 9-22 所示。

图 9-21　【首选项】对话框

90mm×55mm 或 90mm×60mm 是最标准的名片尺寸，能最大限度地利用一开纸张，而不造成浪费。现在有很多名片被设计成其他尺寸或者异型，这些名片更富有个性，但印刷成本比较高。

图 9-22　设置矩形

步骤 2：制作品牌标志、全称中英文横排组合

（1）打开品牌标志文件，将标志复制到名片文件中；同理，复制中英文文本到名片文件中。

（2）按 Ctrl+R 组合键调出标尺，将光标移动到竖标尺上，拖动参考线至标志的左右边界。

（3）使用【选择工具】选中标准字，按住 Shift 键缩放，使其与标志的宽度一致。再选择【选择工具】，按住 Shift 键选中标志与中英文文本，在【对齐】面板中单击【水平居中对齐】按钮，按 Ctrl+G 组合键组成群组，如图 9-23 所示。

图 9-23　设置字体

提 示

品牌标志、全称中英文文本横排组合规范是基础部分的内容，在前文已经有所介绍。如果已制作完成，可以直接跳到步骤 3；如果制作有困难，可以参考这部分的讲解内容。

步骤 3：输入文字

使用【文字工具】输入姓氏、电话、邮箱等信息，在【字符】面板中设置上方文字的字体为【等线】，字号为 24 pt；调整下方文字的字体为【思源黑体 CN】，字号为 12 pt（见图 9-24），在【对齐】面板中单击【水平右对齐】按钮。

图 9-24　分别设置字体和字号

步骤 4：调整版面

使用【选择工具】选取"张先生"文本，调整字间距。选择【选择工具】，按住 Shift 键选中"张先生"、电话号码、邮箱和地址文本，在【对齐】面板中单击【水平右对齐】按钮，按 Ctrl+G 组合键组成群组。

打开标志与中英文标准字文件，把标志与中英文标准字复制到名片文件中。选择【选择工具】，按住 Shift 键选择文本后调整大小，使其小于个人信息文本块的宽度，并放置在左上角的位置（见图9-25）。

使用【矩形工具】拉出一个尺寸为90mm×5mm 的矩形，颜色设置为品牌标准色（RGB：255，100，100），并放置在名片下面，使其与名片底部对齐。在矩形上方绘制品牌辅助图形。辅助图形的绘制要点在前文已经有所介绍，如果已制作完成，可以直接跳到步骤5；如果制作有困难，可以参考前文辅助图形设计方法部分的讲解内容。调整辅助图形到名片居中的位置，距离名片左右边距5mm（见图9-26）。

步骤5：标注尺寸

参考"标志、中英文标准字横排组合规范"的尺寸标注方法（这里以毫米为单位，在线段内直接标注线段长度），运用参考线、【钢笔工具】勾画路径。为了与名片框区分开，需要将路径笔画颜色设置为红色；用【度量工具】测量线段长度，用【文字工具】输入标注文字，设置颜色为红色，字体为 Helvetica，字号为8 pt；用【选择工具】选中标注文字，在【对齐】面板中选择相应的对齐方式，最后选择【视图】|【参考线】|【清除参考线】命令，完成制作（见图9-27）。

图 9-25　调整版面

图 9-26　辅助图形

图 9-27　标注尺寸

任务 2 信封设计与制作的步骤

一、必备知识

信封也是品牌与受众交流、传递信息的重要途径。品牌信封分为邮寄信封和用于请柬与宣传赠送的特殊信封。设计信封的要素包括基本元素组合、标准色、辅助图形、企业地址信息等。根据邮局要求,信封上贴邮票处、邮编位置、地址信息书写区域不可随意改动。

二、任务描述

为河北地方特色"冀茶语"奶茶品牌设计信封,制作出来并标注尺寸。信封最终效果如图 9-28 所示。

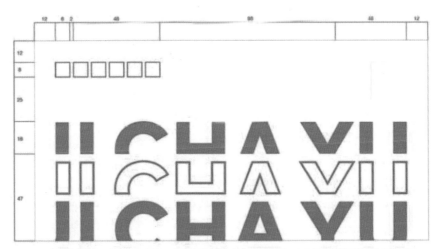

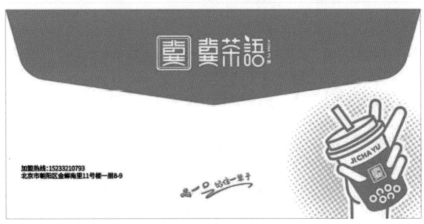

图 9-28 信封最终效果

三、信封的设计与制作

"冀茶语"信封采用时尚、小清新的风格，同时要考虑与名片和信纸等其他办公用品的统一性。

国内普通信封制作规格要求按邮电部门统一标准设置，这种信封只限在中国大陆地区使用。其中 9 号信封的规格是 324mm×229mm，5 号信封的规格是 220mm×110mm，航空信封的规格是 220mm×110mm。下面以比较常用的 5 号信封为例进行设计与制作。

步骤 1：新建文件

打开 Illustrator 软件，在【文件】菜单中选择【新建】命令，保存文件名为"信封.ai"。在属性栏中单击【文档设置】按钮，在【文档设置】对话框中单击【编辑面板】按钮，设置尺寸为 A4，方向为横向，如图 9-29 所示。按 Ctrl+K 组合键打开【首选项】对话框，将【单位】设置为【毫米】。

步骤 2：制作信封

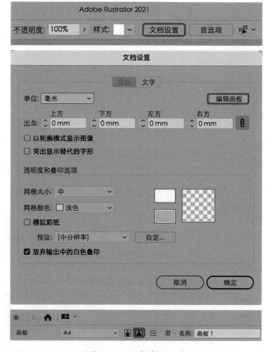

图 9-29　文档设置

（1）选择【矩形工具】，在画面上单击，设置矩形大小为 220mm×110mm，单击【确定】按钮。

（2）在【颜色】面板中设置颜色为（C：0%，M：0%，Y：0%，K：0%），笔画颜色为黑色，笔画宽度为 0.25 pt。

（3）按 Ctrl+R 组合键调出标尺，将光标移动到标尺的交叉点上，拖动交叉线使其与信封左上角的点重合，标尺就是以这一点作为坐标原点，如图 9-30 所示。将光标移至标尺上，右击，选择【毫米】作为单位。

（4）将光标移至竖标尺栏上，拖动参考线分别至 12mm、70mm、168mm 和 208mm 处。在横标尺栏上，拖动参考线至 10mm 和 100mm 处，如图 9-31 所示。

这是按照邮电部门统一标准制作的邮政编码位置参考线，邮政编码共六个号码框，每个号码框为 8mm×8mm，间距为 2mm，邮票粘贴外框规格要求为 20mm×20mm×2mm。

图 9-30　设置原点

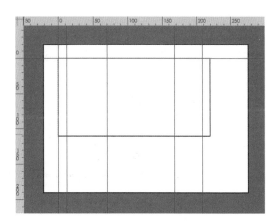

图 9-31　拖动参考线

✿（5）使用【矩形工具】在画面中单击，设置矩形高度和宽度均为8mm。在【颜色】面板中设置填色为无，笔画颜色为（C：10.59%，M：98.6%，Y：100%，K：0%），笔画粗细为0.75 pt，如图9-32所示。使用【选择工具】移动矩形，使它的左上角与参考线对齐。

✿（6）使用【选择工具】选中矩形，按住 Alt 和 Shift 键拖动鼠标，复制 5 个矩形，其中最后一个矩形右边线位置以参考线为准。使用【选择工具】圈选 6 个小矩形，在【对齐】面板中单击【垂直向上对齐】和【水平平均分布】按钮，如图9-33所示。

图 9-32　设置颜色

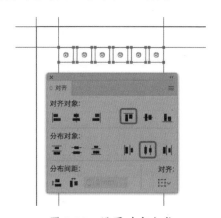

图 9-33　设置对齐方式

✿（7）使用【矩形工具】在画面中单击，设置矩形宽度和高度均为20mm。在【颜色】面板中设置填色为无，笔画颜色为（C：0%，M：0%，Y：0%，K：30%），笔画宽度为0.25 pt（见图9-34）。使用【选择工具】移动矩形至右方的参考线处。

✿（8）按快捷键 Ctrl+C 和 Ctrl+B 复制这个矩形，使用【选择工具】将其移动至168mm 参考线处，在【画笔】面板中设置笔画虚线，如图9-35所示。按 Ctrl+Y 组合键，在线条稿中用键盘上的方向键调整矩形的位置。

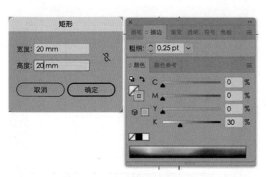

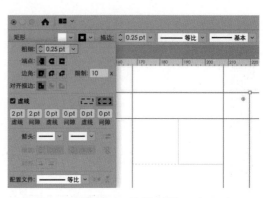

图 9-34　设置矩形 1　　　　　　　　　图 9-35　设置矩形 2

步骤 3：加入基本元素

（1）打开之前绘制好的辅助图形文件，使用【选择工具】，按住 Shift 键选中辅助图形组合，复制到信封文件中。

（2）使用【选择工具】选取辅助图形元素，调整其位置和大小。选中信封 220mm×110mm 底框，按 Ctrl+C 和 Ctrl+F 组合键进行原位前置粘贴，选中复制出来的信封底框，按 Ctrl+Shift+] 组合键将其置于顶层，使用【选择工具】选中最上层的信封底框并按住 Shift 键加选辅助图形元素，按 Ctrl+7 组合键建立剪贴蒙板，最终效果如图 9-36 所示。

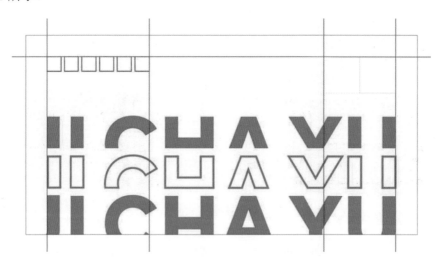

图 9-36　加入元素

步骤 4：标注尺寸

尺寸的标注请参考"标志、中英文标准字横排组合规范"的尺寸标注方法（这里以毫米为单位，在线段内直接标注线段长度），运用参考线、【钢笔工具】勾画路径。为了与信封外框区分开，路径笔画颜色设置为红色。使用【测量工具】测量线段长度，

使用【文字工具】输入标注文字，设置颜色为红色，字体为 Helvetica，字号为 8 pt；使用【选择工具】选中标注文字，在【对齐】面板中选择相应的对齐方式。最后选择【视图】|【参考线】|【清除参考线】命令，按 Ctrl+Alt+2 组合键解除锁定，按 Ctrl+A 和 Ctrl+G 组合键组成群组，完成制作后效果如图 9-37 所示。

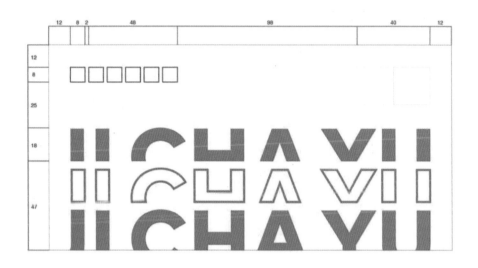

图 9-37　标注尺寸

任务三　信纸的设计与制作

一、必备知识

信纸设计要素包括基本元素组合、标准色、联系方式、辅助图形、装饰纹样等。各元素的组合可与名片、信封的设计风格一致。信纸设计要注意功能区域的位置保留和设计元素的有机配合。通过强化信纸的设计感和装饰性，可适当将纸面进行装饰，例如：大面积铺设底纹，显得较为华丽；局部铺设底纹，显得非常别致；为设计要素做衬底，使之层次丰富；将纹样缩小，以散点排列，显得十分雅致。一些讲究的企业和品牌，在每本信纸上会加上一张封面。这与书籍的封面不同，因为它没有主题和内容要去表现。信纸的封面可考虑利用象征纹样作为基础进行设计，以装饰图形传达企业的形象信息。图 9-38 所示为中国电力投资集团公司形象信纸应用规范。

常见的信纸规格有以下几种：184mm×260mm（16 开）；216mm×279.5mm；210mm×297mm（A4）。一般的信纸用 80～100 克的普通纸即可。特殊用途信纸可以采用特种纸，其色彩、肌理、质地、厚度要根据设计需要进行选择。草稿用信纸选择普通的单色印刷即可。一般信纸根据具体情况可考虑单色印刷或多色印刷，特殊用途信纸则可以使用专色印刷或多色胶印。

图 9-38　信纸样例

二、任务描述

为"冀茶语"奶茶品牌形象设计信纸，制作出来后标注尺寸，信纸最终效果如图 9-39
所示。

图 9-39   信纸最终效果

三、信纸的设计与制作步骤

　　"冀茶语"奶茶品牌形象信纸的整体风格与信封、名片保持一致，运用了标志与标准字组合，品牌全称，地址和电话信息等元素。信纸顶端的辅助图形、左上角的标志与标准字横版组合、浅灰色辅助图形元素底纹等，不仅具有装饰作用，而且巧妙地将信息整合成一体，使区域功能更加明确。信纸的制作步骤如下。

　　步骤 1：新建文件并制作矩形

　　（1）打开 Illustrator 软件，在【文件】菜单中选择【新建】命令，保存文件名为"信纸 .ai"。

（2）在属性栏中单击【文档设置】按钮，在【文档设置】对话框中单击【编辑面板】按钮，设置尺寸为 A3，方向为纵向。

（3）按 Ctrl+K 组合键打开【首选项】对话框，设置【单位】为【毫米】，如图 9-40 所示。

（4）使用【矩形工具】在画面中单击，设置矩形宽度为 210mm，高度为 297mm，笔画宽度为 0.5 pt。

图 9-40　【首选项】对话框

步骤 2：制作参考线

（1）按 Ctrl+R 组合键调出标尺，将光标移动到标尺的交叉点上，拖动交叉线使其与信纸左上角的点重合，这样标尺就是以这一点为原点，如图 9-41 所示。将光标移至标尺上，右击，选择【毫米】为单位。

（2）将光标移至竖标尺栏上，分别拖动参考线至 15mm、48mm、200mm 处，在横标尺栏上分别拖动参考线至 7mm、24mm、60mm 处。

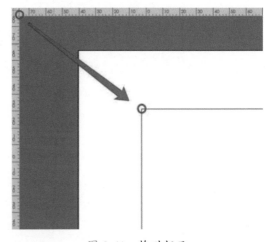

图 9-41　拖动标尺

步骤 3：制作版面元素

（1）使用【矩形工具】绘制一个宽度为 210mm、高度为 7mm、颜色为品牌标准色（C：0%，M：74%，Y：92%，K：0%）的矩形，如图 9-42 所示，使其位置与信封保持顶对齐。

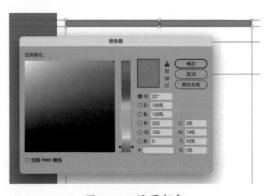

图 9-42　设置颜色

✿（2）使用【选择工具】选中文件中的辅助图形元素，并将其置入"信纸 .ai"文件中。按 Ctrl+Shift+G 组合键取消编组，提取其中一个辅助图形元素，并删除多余的视觉元素。选择【选择工具】，按住 Shift 键同比例缩放辅助图形元素至宽度为 7mm 大小，并调整位置使其与信纸保持顶对齐。选中辅助图形元素并按住 Alt 键水平向外拖曳复制出一个，按住 Shift 键加选这两个辅助图形和品牌色的矩形框，执行【窗口】|【对齐】|【居中对齐】命令，并将它们进行编组（按 Ctrl+G 组合键），如图 9-43 所示。

图 9-43　对齐 1

✿（3）打开名片文件，使用【选择工具】选中标志和标准字横版组合，将其拖动至"信纸 .ai"文件中。在选中状态下，按住 Shift 键将其同比例缩放至合适的大小，使标志与标准字横版组合与 15mm 和 48mm 处参考线左右对齐，如图 9-44 所示。

图 9-44　对齐 2

✿（4）使用【文字工具】输入加盟热线和门店地址文本信息，设置颜色为黑色，字体为【思源黑体 -Bold】，字号为 11 pt。使用【选择工具】选中文本信息，使其与 200mm 处参考线右对齐，最终效果如图 9-45 所示。

图 9-45　对齐 3

（5）使用【选择工具】选中辅助图形元素，将其拖动至"信纸 .ai"文件中，修改颜色为灰色（C：14%，M：11%，Y：11%，K：0%），按住 Shift 键同比例缩放辅助图形元素的大小，使其下面与信封底部对齐，上面与 60mm 参考线处顶对齐，并与信纸居中对齐（见图 9-46）。

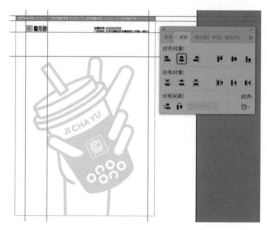

图 9-46   对齐 4

提 示

调整各元素大小时，按住 Shift 键可等比缩放。

步骤 4：标注尺寸

尺寸的标注请参考"标志、中英文标准字横版组合规范"的尺寸标注方法（这里以毫米为单位，在线段内直接标注线段长度），运用参考线、【钢笔工具】勾画路径，为了与信纸外框区分开，设置路径笔画颜色为红色；使用【测量工具】测量线段长度，使用【文字工具】输入标注文字，设置颜色为红色，字体为 Helvetica，字号为 8 pt；使用【选择工具】选中标注文字，在【对齐】面板中选择相应的对齐方式，效果如图 9-47 所示。最后，选择【视图】|【参考线】|【清除参考线】命令，按 Ctrl+Alt+2 组合键解除锁定，按 Ctrl+A 和 Ctrl+G 组合键组成群组，完成制作。

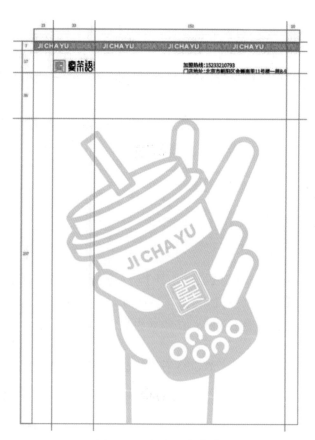

图 9-47   标注尺寸效果

知识链接

　　办公用品还包括企业职工使用的工作证、记事本、文件夹、公文袋、票据、预算书、便签、光盘封套等，它们的尺寸虽小，但所有设计细节都要体现企业独特、统一的整体形象。

思考及练习题

　　1. 品牌 VI 办公事务用品包括哪些设计内容？在具体设计实践中应该遵循怎样的原则？

　　2. 选择某一中华老字号品牌进行办公事务用品的二次创意设计。

项目 10 品牌形象宣传识别设计——"裁云剪水"手工馆品牌形象设计

10.1 项目目标

品牌形象宣传是一种长远的、整体的传播方式,可在短期内以最快的速度、最广的范围将品牌信息传达出去,是有效的信息载体与营销手段,也是品牌形象传播的重要渠道。本项目通过对"裁云剪水"手工馆品牌形象设计中宣传识别部分的分析,有针对性地进行统一的、个性化的设计,提高品牌的识别度,把品牌视觉形象贯彻渗透至日常生活中的方方面面。

能力目标: 通过对应用系统中形象宣传识别类知识的学习,了解品牌形象宣传识别的设计内容和设计方法。在进行市场调研的前提下,完成品牌形象广告宣传类内容的设计,提高综合设计水平。同时,掌握宣传策划能力,提高沟通能力、创新能力和实际制作能力。

思政目标: 把传统文化融入品牌形象宣传设计中,通过市场营销的商业行为带动传统文化的现代化转化与传播。同时,培养自身创造性思维与动手操作能力并重的综合设计素养,养成严谨的工作态度和良好的职业操守。

10.2 必备知识

品牌形象设计的应用范围广泛,其中的宣传识别与品牌形象设计同属于营销系统的策略。常见的高端品牌广告宣传包含公司指南、内部刊物、品牌形象广告、产品广告,以及产品目录、宣传纸袋等,还有一些有针对性的商品包装也属于宣传识别设计内容。宣传识别是推广品牌视觉形象最直接、最重要的部分,也是工作量较大、变化较多的一部分。大量的宣传资料并不是在品牌形象设计之初就能够完成的,而是需要在后期具体的策划及推广活动中,结合宣传资料进行有针对性的设计,并最大限度地反映具体的商业推广内容。

10.2.1 宣传识别设计的概念

宣传识别设计是利用杂志、电视、宣传册、包装、户外广告等宣传手段，以加强销售为目的的设计。设计要依据不同民族的文化心理和目标消费群体的认知心理及品牌发展方向来定位品牌形象的宣传策略。宣传识别设计的内容具有针对性强、使用灵活、应用广泛的特点（见图10-1）。

图 10-1 刘一刀直播 VI 形象宣传识别系统应用

10.2.2 宣传识别设计的分类

1. 广告宣传类

1）印刷品广告

印刷品广告是一种利用报纸、杂志、招贴、宣传册等形式宣传商品和品牌的形式。招贴、报纸广告及杂志广告都属于印刷品广告。其中招贴与杂志广告可以印制较为精美的广告画面，而报纸广告的印制相对粗糙，在设计时要将实际的印刷条件与设计效果综合考虑（见图10-2）。

图 10-2 "冀茶语"奶茶品牌产品海报设计

企业简介、商品说明书、产品简介、年历、宣传册、礼品袋等一些必要的印刷品，设计样式较为灵活，是企业形象宣传中较为活跃的一个部分。掌握好这些印刷品设计的尺度和样式，将有助于提升企业形象（见图 10-3、图 10-4）。

图 10-3 "冀茶语"奶茶品牌饮品菜单设计

图 10-4 "冀茶语"奶茶品牌点单卡设计

2）户外广告

户外广告是指在建筑物外表或街道、广场等室外公共场所设立的路牌、霓虹灯、广告牌、灯箱等。户外广告可以在固定的地点长时间地展示品牌形象，因而对于提高品牌的知名度很有效（见图 10-5）。

图 10-5 "冀茶语"奶茶品牌展示牌设计

　　路牌广告是在公路或交通要道两侧，利用喷绘进行宣传的形式。路牌广告的特点是设立在闹市地段，路牌画面多以图文的形式出现，图像醒目，文字精练，立体感强，张贴、调换方便，所用材料须有防雨、防晒功能（见图10-6）。

　　灯箱及霓虹灯、液晶显示牌都是夜间广告的重要媒介。除了对品牌、商品进行宣传外，它们还能起到美化城市夜景的作用（见图10-7、图10-8）。

图 10-6　浙商银行地铁墙体广告　　　　　　图 10-7　元亨利珠宝大型路牌设计

图 10-8　"巧手儿童益创工坊"品牌灯箱设计

3）电视、网络媒体广告

电视、互联网是现代广告中最及时、最有效的媒体之一，因而大多数企业和机构都以不同形式、不同角度不同程度地利用电视、网络媒体进行宣传。电视、网络媒体广告的特点是：覆盖面广，传播范围广阔；不受时间限制，广告效果持久；方式灵活，互动性强；制作简捷，广告费用低（见图10-9、图10-10）。

图 10-9　爱点子先生创意工作室网络媒体广告设计

图 10-10　浙商银行 2022 年电视广告

2. 产品包装类

产品包装是指在产品运输、储存、销售等流通过程中，为了保护产品、方便储存、促进销售，按一定技术与方法对产品所附的装饰的总称。包装是品牌理念、产品特性、消费心理的综合反映，会直接影响消费者的购买欲。包装系统是品牌识别系统中最重要的部分，设计时进行市场调研，找准定位，能使产品脱颖而出，令消费者看到品牌良好的形象。产品包装设计要求能保护产品，抗震，节省运输空间，节约包装成本；包装要醒目，符合消费者群体审美。

产品包装主要包括纸盒包装、纸袋包装、木箱包装、玻璃包装、塑料包装、金属包装、陶瓷包装、包装纸、商品标签、封口等（见图10-11）。

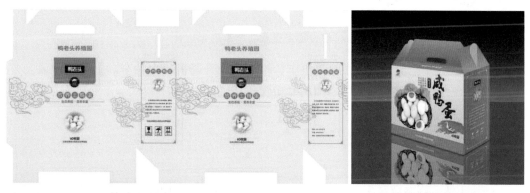

图 10-11　鸭老头品牌产品包装设计

3. 交通运输工具类

交通运输工具是流动的形象载体，是宣传企业形象的重要渠道。交通运输工具大致分为三类。

（1）营业用交通工具，如服务用的轿车、吉普车、客货两用车、展销车、移动店铺、汽船等。

（2）运输用交通工具，如大巴、中巴、大小型货车、厢式货柜车、工具车、平板车、脚踏车、货运船、客运船、游艇、飞机等（见图10-12）。

图 10-12　忆瓷瓷业品牌车形象设计

（3）作业用交通工具，如起重机车、推土车、升降机、曳拉车、拖车头，以及公共用清扫车、垃圾车、救护车、消防车、电视转播车等。

10.3 项目描述

本项目对"裁云剪水"手工馆品牌形象设计的宣传识别系统进行分析，研究如何通过宣传剪纸这种民间传统艺术建立新的传承方式，提升其品牌形象和商业价值。标志将剪刀和鸟的形象巧妙结合并做变形处理，运用同构、镂空手法使羽毛的造型精美。标志形象完整，具有很高的辨识度，承载了民俗文化、手工剪纸的双重内涵。宣传识别系统中使用"云纹""水纹""年画娃娃"的造型作为辅助图形进行设计，突出了品牌的民俗特色和独特的文化韵味（见图 10-13）。

图 10-13　"裁云剪水"手工馆品牌形象设计

知识拓展

　　文化是国家和民族的灵魂。中国几千年的文化历史为我们留下了宝贵的优秀传统文化，它是我们民族精神的根基和精神食粮。如今，"国潮"风尚正蓬勃发展，众多中国品牌将传统与现代元素融合，成为潮流的引领者，不仅展现了我国的文化自信，也铭刻了国家的强大形象。

　　国货品牌如百雀羚，以潮流姿态迎合年轻消费者，巧妙地将中国传统元素与产品结合，展现了"国潮"的风采。老干妈等具有中国气息的品牌，通过将传统元素融入时尚设计，如卫衣，引领潮流，登上纽约时装周，展现了国潮文化的魅力。这些"国潮"现象不仅坚守了传统文化，也让东方美学得到了新的诠释，成为我们展现民族文化自信的重要途径。这表明，中华优秀传统文化中蕴含着中华民族深沉的精神追求。

　　借助"国潮"的东风，我们传承了传统文化，展现了文化自信。"国潮"以品牌为载体，既满足了年轻人对时尚的需求，也让中华文化得到了弘扬。其原因在于对传统文化的创新设计理念的融入。例如，大白兔奶糖与美加净的合作，推出限量版的大白兔奶糖味润唇膏，将童年记忆与现代元素结合。故宫等文化符号也在不断融合新元素，推出一系列文创产品，紧跟时代潮流。

　　在"国潮"盛行的背景下，我们必须坚持改革创新传统文化，坚定文化自信，走出中华文化品牌的特色之路。当前世界正处于大变革时代，世界经济的高质量发展为"国潮"的崛起提供了机遇。我们需要把握"国"与"潮"的平衡，让国货品牌走得更远，让中华文化自信得到彰显，为中国的强大形象注入新的活力。

10.4　项目实施

1. 品牌广告的设计与制作

　　（1）打开 Illustrator 软件，进入工作页面，在【文件】菜单中选择【新建】命令，在弹出的【新建文档】对话框中输入名称"品牌广告设计"。根据实际使用环境，选择纸张尺寸来设置海报尺寸，再选择【横向】或【纵向】，单击【确定】按钮即可。在本项目中，选择纵向的 A4 尺寸（见图 10-14）。

（2）使用【矩形工具】绘制一个和页面同等大小的矩形。在【拾色器】对选框中设置颜色参数为（C：10%，M：24%，Y：24%，K：0%）（见图10-15），单击页面，按 Ctrl+2 锁定。

图 10-14 【新建文档】对话框

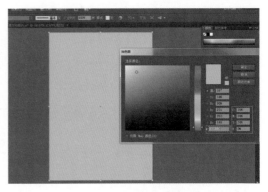

图 10-15 【拾色器】对话框

（3）为了丰富广告的背景，在纯色基础上制作网格进行修饰。在工具箱中选择【网格工具】，设置大小与背景一致的尺寸，水平和垂直分隔线的数量均设置为25；选择网格并单击工具箱中的【描边】按钮，设置网格轮廓色值为（C：22%，M：57%，Y：61%，K：0%）；制作完成后单击网格，按 Ctrl+2 组合键锁定（见图10-16、图10-17）。

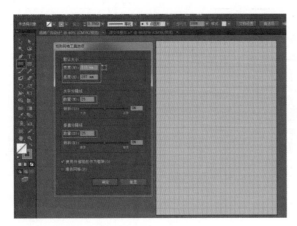

图 10-16 制作网格

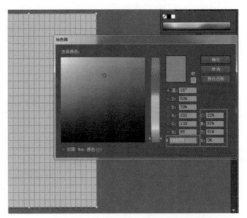

图 10-17 设置网格轮廓颜色

（4）选择【文字工具】，输入品牌名称"裁云剪水"，在属性栏的【字符】下拉列表框中选择【王漢宗勘亭流繁】，字号设置为130 pt，并在【拾色器】对话框中设置颜色参数为（C：41%，M：95%，Y：100%，K：7%），如图10-18所示。

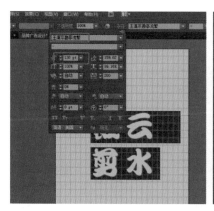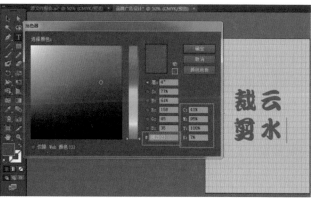

图 10-18　输入文字并设置字体和填色

（5）打开"裁云剪水"手工馆品牌形象设计文件，选择适用于该广告风格的辅助图形组合，调整至合适大小后，分别放置于画面中的合适位置，并调整版面。选中全部图形，按 Ctrl+G 组合键将其群组，如图 10-19 所示。

（6）打开"裁云剪水"手工馆品牌形象设计文件，选择适用于该广告的标志组合，调整至合适大小后，分别放置于画面四周空白位置，使其具有一定的形式美感。选中全部标志，按 Ctrl+G 组合键将其群组，如图 10-20 所示。

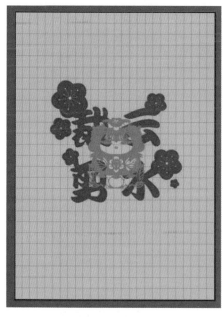

图 10-19　置入辅助图形　　　　　　图 10-20　置入标志组合

（7）选择【文字工具】，输入品牌相关宣传语"接地气 传承 新中式"，中文字号设置为 28 pt，并在【拾色器】对话框中设置颜色参数为（C：41%，M：95%，Y：

100%，K：7%），在属性栏的【字符】
下拉列表框中选择【站酷庆科黄油体常
规】，如图 10-21 所示。

（8）使用同样的制作方法更换不同的
背景及线条颜色，或者利用文字进行排版
形式的设计延伸，形成系列广告。根据不
同的使用环境及传播媒介，可进行诸如易
拉宝、年历、宣传册等种类的印刷宣传品
设计。多样性的品牌宣传识别设计，容易
使品牌形成良好的公众形象和品牌个性文
化。在品牌形象设计手册制作中，还应该
详细地标注相关尺寸参数（见图 10-22、
图 10-23）。

图 10-21　输入广告语

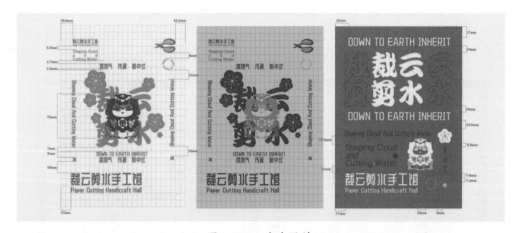

图 10-22　广告设计

图 10-23　宣传品设计

（9）在制作品牌形象设计手册时，为了更加直观地展现广告的实际应用效果，可使用 Adobe Photoshop 软件进行应用效果展示，如图 10-24 所示。

图 10-24　效果展示

提 示

易拉宝是竖式宣传展示架，其最大的特点是方便携带，在会议、展览、销售宣传等场合中使用频率较高。易拉宝的常用尺寸有 80cm×200cm、85cm×200cm、90cm×200cm、100cm×200cm、120cm×200cm，也可根据需要定制其他尺寸。

2. 包装盒的设计与制作

"裁云剪水"手工馆是一个体验剪纸艺术的专业场所，品牌宣传设计的目的在于使店面和艺术品在视觉上富有艺术美感，使剪纸艺术容易被大众接受，使传统文化得到强有力的宣传，挖掘设计审美和商业价值。因此，品牌宣传系统中为剪纸工具进行了包装纸盒设计。

（1）打开 Illustrator 软件，进入工作页面，在【文件】菜单中选择【新建】命令，在弹出的【新建文档】对话框中输入名称"品牌包装设计"。指定其大小为 A4，颜色模式为 CMYK，像素为 300ppi，如图 10-25 所示。

（2）为了方便绘制盒体结构，在新建文件里绘制一个和页面等大的矩形，填充为黑色，无描边。选择该矩形，按 Ctrl+2 组合键暂时锁定对象，如图 10-26 所示。如果未显示【图层】面板，可以按 F7 键，或者选择【窗口】|【面板】命令。

图 10-25　新建文档　　　　　　　　　　　图 10-26　绘制矩形

（3）根据"裁云剪水"手工馆常用剪刀的测量尺寸，制定适合该产品尺寸的盒体大小。选择【矩形工具】，设置矩形宽度为 98mm、高度为 40mm，无填充色，轮廓色为白色，描边为 0.1mm，如图 10-27 所示。使用同样的方法在下方绘制盒体侧面，设置矩形宽度为 98mm、高度为 8mm。同时选中两个矩形，按 Ctrl+C 和 Ctrl+V 组合键复制后放在合适位置，如图 10-28 所示。

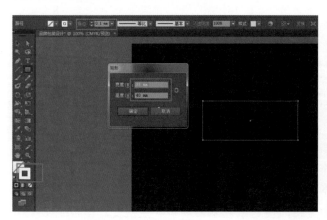
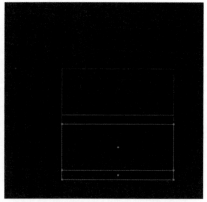

图 10-27　绘制矩形　　　　　　　　　　　图 10-28　复制矩形

（4）基本盒体结构绘制完成后，在下面位置制作盒体粘口，用来粘接盒体。选择【矩形工具】，设置矩形宽度为 98mm、高度为 5.5mm，无填充色，轮廓色为白色，描边为 0.1mm。选择【直接选择工具】，分别选中矩形下面的两个锚点，将其向中心进行等距离移动，如图 10-29 所示。

（5）下面进行盒体开启端的绘制。选择【矩形工具】，设置矩形宽度为 8mm、高度为 40mm，绘制一个矩形并调整至合适位置。选择【圆角矩形工具】，设置宽度为 9mm、高度为 40mm、圆角半径为 2mm，绘制一个圆角矩形。在圆角矩形上层绘制一个矩形，将其调整至圆角矩形左侧，并覆盖左侧上下方的圆角锚点，同时选中两个图形，在【路径查找器】面板中设置形状模式为【减去顶层】，生成新的形状。如图 10-30 所示。

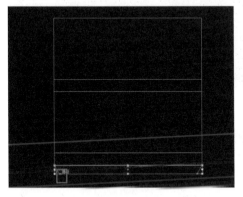
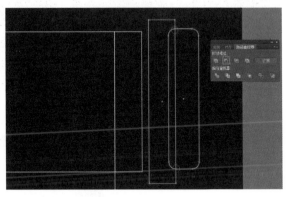

图 10-29　调整图形　　　　　　　图 10-30　生成新的形状

（6）将盒体侧面和插舌形状放至合适位置，选中这两个图形，单击鼠标右键，在弹出的快捷菜单中选择【变换 / 对称面板】命令，在弹出的对话框中设置 / 参数，如图 10-31 所示。复制图形并调整至合适位置，最终效果如图 10-32 所示。

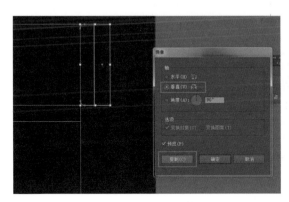
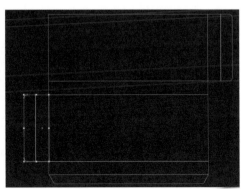

图 10-31　设置参数　　　　　　　图 10-32　复制图形并调整位置

（7）制作盒体的两端。选择【矩形工具】，设置矩形宽度为 6mm、高度为 8mm，无填充色，轮廓色为白色，描边 0.1mm；选择【直接选择工具】，分别选中矩形右侧的两个锚点，将其向中心进行等距离移动，复制一组并放至合适位置，如图 10-33 所示。同时选中两个防尘翼图形，进行变化 / 对称操作后生成一组新的复制图形，将其放至合适位置，如图 10-34 所示。

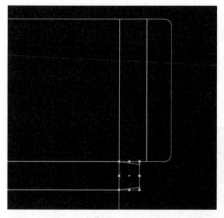

图 10-33 调整图形

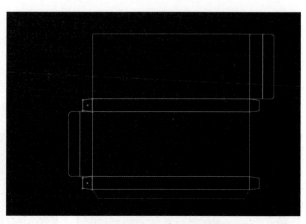

图 10-34 复制图形并调整位置

（8）盒型结构图基本绘制完成，下面进行盒体装潢设计。选中所有图形，填充品牌形象标准用色（C：19％，M：29％，Y：29％，K：0％）。去掉轮廓色，再次检查图形拼接位置，如图 10-35 所示。

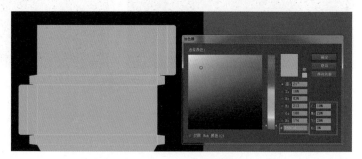

图 10-35 拼接图形

（9）打开"裁云剪水"手工馆品牌形象设计文件，选择适用于该包装盒风格的标志组合、辅助图形等相关元素，分别调整至合适大小与位置，形成一定的画面形式美感。注意，不同的盒面分别对应不同方向的位置。去掉图形白色描边，再次检查图形拼接位置。然后选中全部图形，按 Ctrl+G 组合键将其群组。单击页面，按 Alt+Ctrl+2 组合键全部解锁，删除黑色背景，效果如图 10-36 所示。

最后，为了更加直观地展现包装盒的实际立体效果，可以使用 Adobe Photoshop 软件进行应用效果展示，如图 10-37 所示。

图 10-36 美化包装盒

图 10-37 效果展示

提　示

（1）粘头（糊头）：是纸盒成型的主要接合部位。在纸盒的胶合处，两头各向内收 15°即可。

（2）插舌：插入盒身（或盒底），用来固定盒盖。盒盖多采用摩擦式插舌，可多次开合，不会损伤盒盖。

（3）防尘翼：其作用不只是防尘，对纸盒整体强度也有关键性的帮助。没有防尘翼，整个纸盒会松懈无力。

提　示

包装设计是以确保商品的安全为出发点的，可根据不同商品的属性使用不同的包装材料。易生产、有创意、可识别的包装设计，能够节约成本，促进销售，提升品牌形象。

案例拓展

"物旺在莒"助农产品品牌形象设计

在"物旺在莒"助农产品品牌形象设计中，为了体现莒文化的特色，以莒县传统文化为基础，提取莒县传统文化中的色彩、图案、文字等元素，运用传统艺术形式，通过文化创意的设计，参考市场需求，进行综合运用，助力农产品品牌形象设计，提升品牌知名度，构建品牌形象。这是一套系统的设计，目的是促进"物旺在莒"助农产品品牌形象的有效实施，助力乡村振兴的发展（见图 10-38～图 10-40）。（项目来源：北京科技大学天津学院毕业设计，吴雪。）

图 10-38 "物旺在莒"助农产品品牌形象及衍生品设计

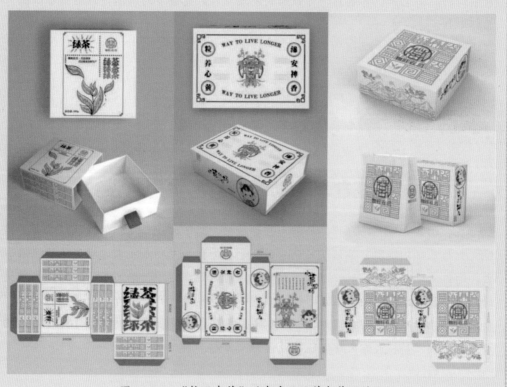

图 10-39 "物旺在莒"助农产品品牌包装设计 1

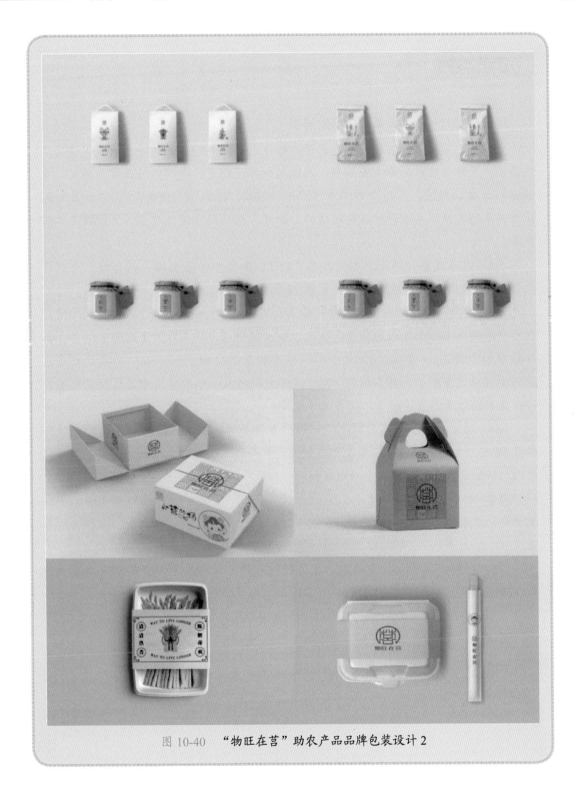

图 10-40   "物旺在莒"助农产品品牌包装设计 2

知识链接

如何根据文件要求设置图像的分辨率

分辨率，简单来说，即是图像的清晰程度。图像分辨率是指单位长度中像素点的总数，单位长度内的像素点越多，图像越细腻。但是，分辨率越高文件越大，电脑运行速度会越慢。常用分辨率有 30dpi、72dpi、120dpi、300dpi。认清设备和图像分辨率的关系，在设计时选择合适的分辨率，既能保证图像质量，又能提高工作效率。

（1）电子设备。网页、电子杂志、PPT、多媒体等在电脑、投影仪、手机等设备上查看的图像，一般分辨率设置为 72dpi。

（2）喷绘。喷绘机使用的介质一般都是广告布，一般使用 3.2 米的最大幅宽，也可以拼接成上百平方米的面积，多用于输出画面很大的户外广告、背景板等。其推荐分辨率为 30 ~ 45dpi。但是对于一些面积很大（如 18m×8m）的高炮广告，分辨率可以适当调小，甚至用到 10dpi 以下，因为大面积的喷绘都是远距离观看，可以适当牺牲画面的清晰度，提高工作效率。

（3）写真。输出的画面较小，一般只有几平方米大小。写真机使用的介质一般是 PP 纸、灯片，裱在 KT 板上才算成品，其色彩比较饱和、清晰，常用于海报、灯箱、橱窗、展架等。分辨率一般不低于 72dpi，推荐分辨率为 120dpi。

（4）数码印刷。常用于小批量的画册、海报、宣传单等，打印速度快，成像质量好，成品色彩鲜艳，是印刷打样的首选，但精度没有印刷那么高。推荐分辨率使用 300dpi，最低为 200dpi。

（5）印刷。用于大批量的画册、海报、宣传单、包装等，分辨率基本要求达到 300dpi 或以上，才能保证印刷品丰富的细节与清晰度。

思考及练习题

1. 该品牌运用了哪些传统文化元素进行宣传？这些传统元素是如何转化为现代视觉形象的？

2. 选择某一运用民俗文化作为元素的品牌形象，对其开展宣传识别设计。

项目 11 环境识别设计——珠江·禧悦府住宅区文化品牌形象设计

11.1 项目目标

环境识别设计不仅具有指示引导的功能，同时也具有美化环境的审美价值，良好的导视系统能够更好地与环境融合，甚至能丰富、装点周围环境，通过环境氛围的塑造，使访客可以身临其境地感受品牌文化，从而起到宣传品牌文化理念的作用。通过珠江·禧悦府住宅区文化品牌的环境识别设计，将地方特色和文化融入品牌形象设计中，可提升品牌综合实力和竞争力，满足居住者的视觉享受。

能力目标：通过本项目的学习，了解环境识别的定义、作用、艺术表现方法和制作步骤；能够熟练应用软件创作各类环境识别作品，并能通过软件工具的配合，制作出真实和谐的环境识别设计效果图，让人能更加直观地感受到环境识别的最终效果。

思政目标：通过环境识别设计过程的实践，了解地方特色品牌的设计特点，体会中式审美带来的不同体验，感受中式风景园林与环境导视设计的融合效果。

11.2 必备知识

随着商品经济的发展，环境意识也逐渐为大家所重视，这说明消费者不仅会购买具有使用功能的商品，而且会为服务和消费环境买单。随着商品经济的成熟与社会文明的提高，品牌环境的竞争将越来越重要。

11.2.1 环境识别的定义

环境识别即环境识别系统，全称为 Environment Identity System（EIS），亦称环境统一化。环境识别是企业的"家"，它通过对人们所能感知的企业环境系统进行规范化的管理来实现。企业在进行形象宣传的时候，除了使用宣传海报、宣传册及赠送礼品等外，企业的室外环境及导视设计也是不可忽视的内容，它们在统一企业形象中起着至关重要的作用。

11.2.2 企业环境设计

1. 品牌企业内部环境

品牌企业内部环境是指品牌的办公室、销售厅、会议室、休息室、厂房等内部环境。品牌企业环境不仅是生产经营管理的场所，也是品牌的脸面，更代表品牌的经营风格。设计师把企业识别标志贯穿于企业室内环境之中，能从根本上塑造、渲染、传播企业识别形象，并充分体现企业形象的统一性。其内容主要包括企业内部部门标志、企业形象牌、吊旗、吊牌、POP广告、货架标牌等（见图11-1）。

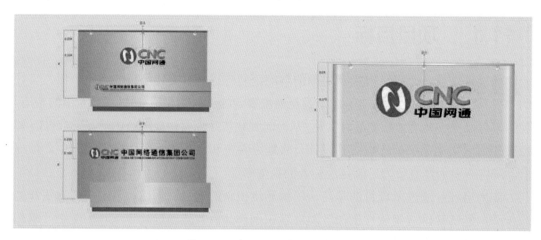

图 11-1　中国网通内部环境标志

2. 品牌企业外部环境

品牌企业外部环境是一种公开化的整体设计，品牌企业的外观造型和内在功能共同决定了品牌形象的传播程度，特别是办公场所的建筑物应突出其开放性的一面，充分体现品牌与社会和人类环境相辅相成、共存共荣的特征，这对于建立统一的品牌形象至关重要。

环境对鼓舞员工士气、增加凝聚力具有非常重要的作用。不管是室内还是室外，都可以借助品牌周围的环境，突出和强调识别标志。将其贯穿于周围环境当中，能充分体现品牌形象统一的标准化、正规化及品牌形象的坚定性，使观者在眼花缭乱的都市中识别品牌，并产生好感（见图11-2）。

图 11-2　**万达广场**

　　在设计中，应借助企业周围的环境，突出和强调企业识别标志，其内容主要包括建筑造型、旗帜、门面招牌、公共标志牌、路标指示牌、广告塔等。

11.2.3　商业环境设计

1. 商业环境设计注意事项

　　对于商业和服务品牌而言，环境规划具有极为重要的意义，因此在进行环境规划时，应注意以下几个方面。

　　（1）应设置醒目、清楚的购物和服务信息，如商品摆放示意图、标牌等，同时还应有良好的灯光系统（见图 11-3）。

图 11-3　合肥万达广场

　　（2）环境亲切温馨，让消费者感到在这样的环境中进行交易是一种享受。

　　（3）环境的规划上，应处处为环境者、消费者着想，如在商场、银行、书店等地设置一定的座位，以供消费者休息。

　　（4）各种设施的门面是品牌的形象表现，消费者往往通过门面的制作材料与色彩、橱窗的灯光及展示图案区分品牌。

2. 商业环境设计的过程

1）前期调查

在设计商业环境之前，首先要进入实地考察，内容包括所处的位置、环境、商品与市场定位，以及人流走向、光线情况、竞争对手的设计情况等，然后以此为基础确定设计风格。

2）整体的统一性

设计时要考虑周边环境，保持与周边环境的整体统一，使得设计能够与周边环境相协调。

3）独特的创新性

在设计外观时，虽然要考虑与环境的协调性，但也要区别于其他商业实体，使之突破识别的局限性。因此要根据企业文化理念和经营特色，充分考虑消费群体的特点，确定独特的设计风格，营造独特的经营氛围（见图11-4）。

图 11-4　合肥万达广场商业环境

4）易识别性

设计是为了使大众能够迅速识别并记忆该品牌的功能，因此风格要简洁大方，色彩使用要协调统一，标志要通俗易记忆。

5）营造以人为本的氛围

设计要拉近与消费者之间的距离，要体现亲和力，符合消费者的消费心理，营造出良好的购物环境与氛围，便于消费者产生愉快的购物心情，以提升品牌的形象，进而提高美誉度与知名度。

11.2.4 环境信息视觉导向设计

环境信息包括与环境景观结合的标志、路标、标牌等，这类标志物的设计应该具有形象识别、导向、指引等基本功能，要能够通过它们的形式、色彩、材质、字体、结构、版面布局，反映环境的主体面貌和主要特征。

视觉导向设计首先需要一套公共标志图案，它是企业内部公共场所的视觉符号，具有信息传递和导向功能。标志的设计应该以创造企业环境美为目标，做到简洁、醒目，与环境协调。一套完整的标志系统，不局限于某一标志牌的制作，而是应更加强调整个方案策划的独特性、协调性及完整性，从而使标志系统和生态环境、建筑风格、生活概念形成一个有机的整体；它不但标示了环境，而且成为一道靓丽的风景，给人以视觉享受，让人无论身在何处都能感受到标志的指引，都能感受到温馨的关怀。

环境信息视觉导向设计的主要内容包括区域分布图、楼梯间的楼层标志、指路标志牌、分区标志牌、办公室门牌、公共设施标志牌、警示牌及广告塔等。

一、设计要求

首先，简洁明了、高度概括、可识别性强，是对办公环境标志系统的总体要求；其次，要朴素大方、不华丽矫饰、不喧宾夺主。标志的形式过于强烈，或装饰题材过于具象或具有确定性，易导致视觉上的厌烦。相反，简单朴素的标志设计，却因涉及较少的元素而有较广泛的适用范围，能被更多的人在更长的时间周期内接受。这样的标志图形，既可以让来访者一目了然，又会使那些每天都在使用它们的人不会觉得陈旧过时。

二、设计原则

1. 功能性

环境导向标志设计最终是为了提供视觉导向，因此在设计过程中要充分考虑大众的认知需求，提高标志的可识别度，提升功能性。

2. 统一性

环境导向标志设计是与建筑物密切相关的，是广告信息传播的载体，无论是颜色、造型还是工艺，都应该注重与周围建筑物相融合。

3. 科学性

环境导向标志设计完成的作品，需要加工成成品后进行悬挂、安装，因此，为了能够方便后期的加工制作，设计过程中一定要注重科学性和安排的合理性。

三、设计分类

1. 区域指示类标志

如机构、部门或类别分布指示牌，对于商店、酒店、医院、机场、候车室等对外服务或公共场所尤其重要，它能有效地疏导人流，减少语言沟通所带来的麻烦（见图11-5）。

图 11-5　国家体育馆导视设计

2. 门牌类标志

如部门门牌、管理层领导的门牌，其主要作用是区分企业内部的工作空间，所以设计要简洁，识别性强。还有公用设施门牌，如洗手间等；以及普通门牌，如1008编号牌（见图11-6）。

图 11-6　肇庆新区体育中心导视门牌设计

3. 指路类标志

如车辆行驶、停放指示标识牌，其设计应保证有与交通管理一致的图形语言。色彩可以适当与企业色协调，若有可能产生歧义，则要考虑使用交通专用色。指示牌的设计要素一般以企业标志、标准色彩、名称等为主，还可包括指路语言或方向标（见图 11-7）。

图 11-7   美术馆导视设计

4. 警示类标志

如防火、防电、防滑等危险标志，禁烟、禁声、禁行等提示标志，最好辅以图示图形（见图 11-8）。

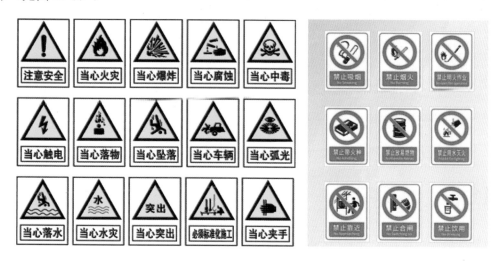

图 11-8   警示类标志设计

导视系统的设计应该做到简洁、醒目，与环境协调。但随着人们审美意识的提高，对所生活的环境装点提出更高层次的要求，导视系统设计观念应从单纯的导向性向视觉艺术、环境艺术、人文艺术发展。

11.3 项目描述

本次项目对珠江·禧悦府小区环境导视部分展开设计，结合项目主题来展现珠江·禧悦府小区的特色，主要通过提取与变形设计出新中式、雅致、自然、简约的形象，并将其应用于环境导视类设计中，由此成为系列化设计，能够极大提升珠江·禧悦府小区的视觉形象（见图11-9）。（项目来源：北京科技大学天津学院2021届视觉传达设计专业毕业生，彭铭；指导教师：孙倩。）

图 11-9　珠江·禧悦府小区导视标志设计

11.4 项目实施

导视系统在特定环境中的风格和功能指向有所不同，分为度假休闲、商务政务、楼盘家居，等等。本项目对住宅区环境的导视系统展开分析与说明。

1. 住宅区类环境导视系统应具备的属性

（1）导向指示的功能属性，需要满足住户和来访者的需求。

（2）它是环境构成中的一部分，必须融于环境，服务于环境，可以将风格、文化升华，但不能割裂环境。

（3）它在环境中起到引导作用，促使其始终处于受众目光的聚焦点，是最易引起人们注意的关注点。

（4）在环境或建筑布局的点、线、面中，它起到的是点和以点带面的作用。因此，其造型、装饰、装潢会直接影响整体景观的风格、文化和品质。

基于以上几点，珠江·禧悦府小区形象定位设计如图 11-10 所示。

图 11-10　珠江·禧悦府小区形象定位设计——狄紫硕

2. 指示牌的制作步骤

（1）打开 Illustrator 软件，在【文件】菜单中选择【新建】命令，保存文件为"停车指示牌设计.ai"。

（2）选择【矩形工具】，在页面中单击，设置宽度为 520mm、高度为 2500mm，如图 11-11 所示，然后绘制一个矩形。在【拾色器】面板中设置颜色参数（C: 53%、M: 56%、Y: 61%、K: 11%），如图 11-12 所示。单击【描边】按钮，设置颜色为黑色，在属性栏中设置描边粗细为 0.35mm。

（3）使用【钢笔工具】绘制造型块面，并填充颜色，如图 11-13 所示。

图 11-11　设置矩形的宽度和高度

图 11-12 填充矩形

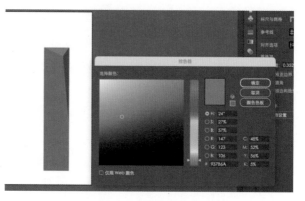

图 11-13 绘制勾线并填充

✿ （4）选择【选择工具】，选中几个块面，按 Ctrl+G 组合键将其群组。

✿ （5）选择【文字工具】，输入大写字母 P，在【字符】面板中设置字体为黑体，颜色为白色，字号为 90 pt，效果如图 11-14 所示。

✿ （6）由于指示牌具备引导作用，下面进行箭头符号的绘制。打开【符号】面板，在符号库里选择合适的箭头符号并置入符号实例，然后将其调整至合适大小，断开符号链接，填充颜色为白色，无描边，效果如图 11-15 所示。

✿ （7）选择【文字工具】，输入文本"停车场 PARKING"，设置字体为黑体，字号为 21pt，效果如图 11-16 所示。

图 11-14 输入字符

图 11-15 绘制箭头

图 11-16 输入文本

（1）箭头图形的绘制有多种方法，比如，使用【钢笔工具】进行线条的绘制。

（2）指示图形不限于箭头，具体造型可根据品牌环境进行个性化创意设计。

（3）考虑到拉丁字母外形的特点，调整字母位置时不宜使用【对齐】面板，需要根据自己的视觉经验调整字母，使其位置在视觉上能够平衡。

（4）作品制作完成后，要注意将文字转换为路径。这是由于在日常文件传送中，其他电脑中可能不包括该作品中的字体。在其他电脑中打开该文件，字体就会被替换。我们也可以不将文字转换为路径，而是采取字体与作品文件同时传送的方法，这样在需要修改文字时，比较方便。

导视牌也是环境构成中的一部分，应融于环境，服务于环境，它的造型、装饰会直接影响整体景观的风格。因此在基本设计完成后，需要加入品牌标志及品牌辅助图形等相关设计元素，使其成为系列化设计，提升住宅小区的视觉形象，从而给客户留下深刻的印象。

（8）打开珠江·禧悦府小区文化品牌设计文件，选择适用于该导视牌的标志组合及辅助图形，分别调整至合适大小，并放置于停车牌的合适位置，调整版面。最后选中全部图形，按 Ctrl+G 组合键将其群组，如图 11-17 所示。

图 11-17 导视牌设计

（9）在制作品牌形象设计手册时，为了更加直观地展现停车牌实际应用效果，可以使用三维设计软件进行更加直观的应用效果展示，如图 11-18 所示。

图 11-18　导视效果图设计

（10）利用同样的制作方法，结合相关设计尺寸，可以对室内楼层区域指示牌、门牌、楼层标示牌等室内外指示系统进行设计。注意，指示牌是住宅区向外界传达信息的载体，其功能不仅仅是标识所在地，而且有引导和指南的功能，其设计一般要求明快醒目。户外环境指示牌的设置必须考虑视觉环境给该住宅区带来的影响，以及视觉阅读的可视功能，以求取得良好的公众形象和品牌个性文化（见图 11-19、图 11-20）。

图 11-19　户外指示牌设计

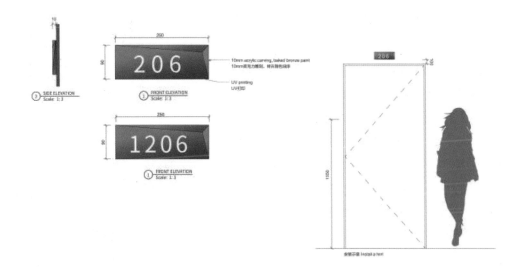

图 11-20　门牌设计

知识拓展

　　在设计品牌形象时，不但要关注住宅环境导视系统的引导功能，也要注重其"关注点"所起到的营造氛围、营造文化、营造品位的作用。当主题确定之后，则需要对反映该主题的载体进行定位，如造型、色彩、质感（材质）、整体与局部平衡、宏观与微观协调等。

1. 造型定位

　　造型的创意与设计要根据主题的定位来寻找切入点。只要最终能充分反映主题的整体信息，展现其个性与魅力，就是成功的造型定位，如动物、植物、图案、图腾、图形、文字，等等。造型定位可按点、线、面进行设计，也可按主题要素组合定位，进行图形、文字组合。

2. 色彩定位

　　导视系统的色彩也是紧密围绕主题和风格来定位的，它可以直接影响人们的意识和感觉,对人的情绪和第一印象有重要作用。一个民族、一个地区都有其用色习惯,会受到其自然环境、历史、文化等因素的影响。为营造地道的主题风格,设计人员要对其进行全方位、深入的了解,只有这样,才能制作出值得推敲的好作品。

3.质感(材质)定位

材质的质感对主题和风格起着重要的影响,如是土著的、远古的,还是现代的、华丽的;而材料、表面处理和工艺的不同,也会产生截然不同的效果。对于不是一个历史时期、不是一个材质系列、不是一个文化范畴的材料和工艺,一定要慎用。同样,材料质感也要考虑点、线、面的关系(见图11-21、图11-22)。

图 11-21 玻璃与不锈钢材质导视牌

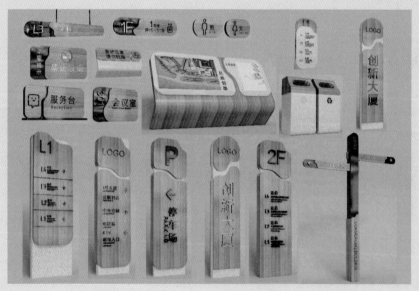

图 11-22 木质材质导视牌

知识拓展

　　标牌公司会使用各种材料制作室内和室外标牌，这些材料（如铝和丙烯酸）可根据业主的意愿制作出漂亮的内部标牌和坚固的外部标牌。下面就来介绍用于不同类型标牌的常用材料。

1. 铝

　　铝型材的使用在导视牌中极其广泛，是标识标牌的先导者。铝型材有制造简单、装置简易的特点。在生产时，只要依照标准的设计图纸切割、打孔后，再组装，就可以完成生产，一切部件都能简单而又快捷地装置和拆开。铝型材的最大特点就是生产节约时间，标识标牌的精度高，外观高雅且极具现代感。谨慎而不失高雅的特性，使其在医院、工厂、商场、酒店、宾馆、库房、室内外停车场、火车站、码头等场合被广泛使用（见图 11-23）。

图 11-23　铝制导视牌

2. 泡沫板

　　泡沫板是一种纸制品，具有木质贴面，可防止翘曲。它不如铝和丙烯酸等其他普通标牌材料那么坚固。泡沫板一般只用于室内标志，因为当暴露于更苛刻的环境中时，泡沫板很容易凹陷（见图 11-24）。

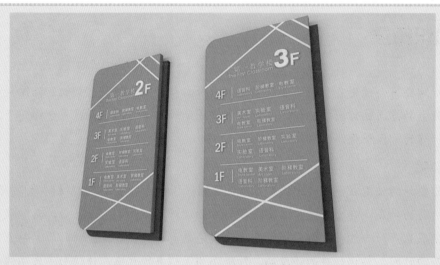

图 11-24　泡沫板导视牌

3. 聚氯乙烯

聚氯乙烯也称 PVC，是包括标志设计在内的多种应用的常用材料。PVC 标牌最适合用于室内，但也可以在室外临时使用（见图 11-25）。

图 11-25　聚氯乙烯导视牌

4. 亚克力（有机玻璃）

外观精美的亚克力，因其卓越的性能，已成为中高档导视牌的首选材料，但其制造过程较为复杂。因为亚克力本身有张力效果，所以生产时要采用组合式模具。在冷却过程中，要通过外模限制亚克力的张力，直至其完全冷却。在裁边过程中，需运用平裁机裁制。张贴时需运用专门的亚克力胶水，而且里侧还要运用通明 L 型亚克力角去粘接，以保障其结实牢固。亚克力主要运用于灯箱、POP 展示架、广告招牌及立体发光字、连锁标志、店面的店名、店标、标价牌、展览展示制品、工艺制品等（见图 11-26）。

图 11-26　亚克力导视牌

5. 不锈钢

不锈钢板因其金属质感、高光洁度、不生锈且易于清洁、稳固而庄重，散发出富丽与尊贵的气质。其表面光洁美观，耐腐蚀性强，在公共环境和腐蚀性条件下具有很高的耐用性，耐磨性好，硬度高。在空气或高温环境中，不锈钢板展现出良好的抗氧化性和抗腐蚀性，对腐蚀性介质有显著的抵抗能力。它具有良好的深冲性能，延展性佳，可焊接，可硬化，持久耐用。经过处理后，不锈钢板可加工成镜面和拉丝两种装修板，广泛应用于各种标志、牌匾、门面底材、门牌号码、展示架、装饰背板等场合（见图 11-27）。

图 11-27　不锈钢导视牌

思考及练习题

1. 该品牌是以什么元素作为基础的？是如何体现出中式审美的？

2. 以某一中式园林景观或中国传统文化企业作为基础，对其进行环境导视设计。

项目 12 品牌形象手册设计与制作——葫芦小镇品牌形象设计

12.1 项目目标

　　将设计好的品牌形象项目编制成手册是品牌形象设计的最后阶段。排版严谨合理、内容全面细致的品牌形象手册，有利于进行品牌形象的标准化管理和贯彻推广，是品牌形象实施的重要保障和理论依据。品牌形象手册不仅提供了品牌今后对外的形象识别体系，也是在实践过程中对统一化、标准化水平进行把握的关键。只有严格按照手册中的提示与说明进行操作管理，才能保证品牌视觉形象在传播中的一致性。本项目通过对葫芦小镇品牌形象手册的设计与制作过程进行分析，可了解品牌形象手册的编制方法，明确必备内容和注意事项。

　　能力目标：通过本项目内容的学习，了解品牌形象手册编制的原则、形式和内容，掌握品牌形象宣传册的设计标准规范，并能够结合计算机软件编排手册内容；同时掌握装订方式和印刷工艺等内容，完成品牌形象手册的编制、设计与实践，培养品牌形象全设计流程能力。

　　思政目标：葫芦小镇是国家级非物质文化遗产特色旅游村，它将葫芦文化融入现代设计中，保留葫芦艺术本身的视觉语言，同时融合中国审美素养，可提升现代与传统文化相结合的设计能力。

12.2 必备知识

　　品牌形象手册是为了建立统一的品牌视觉形象，把形象设计的基本要素及其应用规则与方法编辑成一份具有权威性的指导文件。手册涵盖了品牌的核心经营理念和长期发展规划。编制系统、规范的品牌形象手册，对于品牌形象的贯彻推广和标准化管理，具有重要指导意义。

　　品牌形象设计必须以标志为核心，从开发形象设计系统做起，将基础要素设计定型、规范，再将之运用于应用项目中，结合不同的项目特点进行设计，并以品牌形象手册为标准参照，以便品牌形象的规范和统一。

12.2.1 品牌形象手册的编制原则

品牌形象手册的编制需要符合以下原则。在具体使用过程中，要严格遵守品牌形象手册的规定。

（1）制定品牌形象手册时，要将品牌理念贯彻始终。

（2）视觉设计作为理念载体，应充分发挥其作用。

（3）品牌形象手册的设计风格应与品牌的视觉形象特点保持一致。

（4）要通过手册的版面编排样式，将设计意图充分体现。

（5）品牌形象手册的制定要统一标准、统一规格、系统完整、条理清晰、不失美感。

（6）强调视觉冲击，内容可实施性强。

鹦鹉地板品牌视觉识别手册如图 12-1 所示。

图 12-1　鹦鹉地板品牌视觉识别手册

12.2.2 品牌形象手册的编制形式

1. 综合编制成册

综合编制手册指将基础设计系统和应用设计系统合编在一起，按一定的次序进行编制并装订成一册，以活页式装订，以便于修正、替换或增补，适用性强。

2. 精简本

精简本指根据企业需要，有针对性地提取品牌形象内容的主要部分精编成册，达到方便、快捷、经济、适用的目的。

3. 基础设计系统和应用设计系统分开成册

即根据基础设计系统和应用设计系统项目的不同，或者企业内部机构的不同（如分公司），分开编制，各自装订成册，通常采用活页形式，以便修正、替换或增补。

4. 应用系统系列成册

即按不同种类、不同内容的应用项目分别编制成册，便于分类管理。它适合大公司、集团化、联合企业使用，方便企业有针对性地解决具体问题。

因为品牌形象手册是根据企业经营的内容而定的，所以随着企业经营或服务的内容不断增加，品牌形象手册的内容可以不断充实。另外，品牌形象手册做成活页或分册的另一个原因就是使用方便，可以任意取出需要的部分，使用后再放回去。

12.2.3　品牌形象手册的编制内容

品牌形象手册的编制内容包括封面、封底设计和内页设计。其中内页可以细分为设计说明、目录页、各章节扉页、正文页、后记文案等五部分的内容。

一、封面、封底设计

品牌形象设计手册封面的设计风格要与所服务对象一致，否则就不能体现其作为品牌视觉识别手册的说服力。封面中需要明确行业属性、风格主题，整体应以简洁大方为主，只保留品牌名称、标志、相关文字等主要信息，再适当地加入与企业相关的背景图案、色块、辅助延展等，以保证视觉传达的清晰与完整性。

品牌形象手册的封底是对封面内容的呼应与补充。封底设计要与封面设计相统一，且比其更简洁。如果有图片，要注意封面和封底图片的连贯性（见图 12-2）。

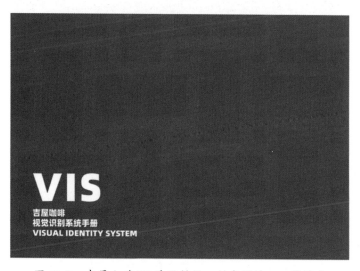

图 12-2　吉屋咖啡 VI 手册封面、封底设计——冀柏言

二、内页设计

1. 设计说明

设计说明包括品牌的基本信息、业务范围、经营理念（领导致辞）、手册的设计目的，以及手册包含的内容、手册使用指南等（见图 12-3）。

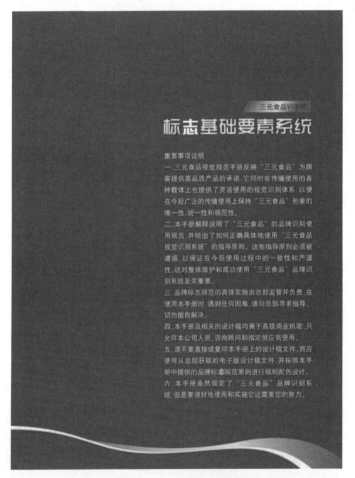

图 12-3　三元食品视觉规范手册标志基础要素系统设计说明

2. 目录页

目录是整个册子的主要组成内容，主要包括基础系统和应用系统两部分的细化内容。也可以为应用项目的各个类别（如办公事务类、形象宣传类、环境识别类等）分别制定一个单独的目录页。目录页内容包含大分类标题、每页内容标题、页码等。

最简单的标题编号是把基础部分和应用部分分别用字母 A、B 来表示，细分项目用 A-01、A-02、A-03，B-01、B-02、B-03 等进行编号（见图 12-4）。标题编号除了常规方法外，还可以有其他形式的编号，只要方便页面的查找、取阅、调换、增减即可。

基础部分A	应用部分B
A1 基本标志设计	B1 办公事务用品
A1-01 标志及标志创意说明	B1-01 名片
A1-02 标志墨稿	B1-02 信封
A1-03 标志反白效果图	B1-05 合同书格式
A2 标准字体	B2 销售店面标志系统
A2-01 全称中文字体及方格坐标制图	B2-01 店面门头
A2-02 全称英文字体及方格坐标制图	B2-02 展位
A3 基本要素组合	B3 服装系统
A3-01 标志与标准字组合多种模式	B3-01 管理人员服装
A3-02 标志与标准字组合多种模式	B3-02 员工工作服

图 12-4　标题编号方法

3. 各章节扉页

扉页是品牌形象手册中各个不同系统内容的章节的目录或隔页，用来提示后面的内容。扉页的设计要求简洁明了，因而制作起来较为简单。

4. 正文页

正文页是整个手册的主要组成部分，主要包括基础系统和应用系统两部分的细化内容。基础系统部分包括品牌的标志设计诠释、标准字体设计、组合形式、辅助色和辅助图形等内容；应用系统部分包括品牌设计基础在不同区域的应用标准或设计样本，以及每一个应用项目的规格及施工标准。

正文页的主要文字内容包括标题、编号、说明文字及对应的品牌形象设计项目。其中标题是体现品牌形象手册风格的重要因素，结合辅助图形进行应用，表现余地大，位置也可以有多种选择（见图 12-5）。标题通常可以由企业名称、标志、手册题目、编号等组成。正文页版式设计要起到规范作用，要求统一、和谐、简洁、大方，可以使用色块、线框规范文字。

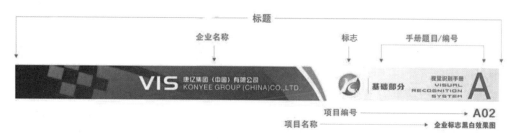

图 12-5　正文页标题设计

5. 后记文案

后记文案是品牌形象手册的补充说明，包括手册设计过程中可能遗漏的问题，或手册的延展性设计说明。

12.3 项目描述

本项目主要针对葫芦小镇品牌形象手册的设计内容进行分析，研究如何在继承传统的基础上，提升葫芦文化的文化内涵和艺术价值。同时，以"活化"的方式为葫芦文化创意产业注入现代化气息，带动产业发展，凸显其经济价值和品牌价值。该项目的品牌形象设计将葫芦旅游品牌名称与产品特色紧密结合为一体，提取葫芦文化的文字和图形作为设计元素，抓住品牌特征，营造传统文化氛围，为葫芦小镇品牌赋予文化内涵（见图12-6）。（项目来源：北京科技大学天津学院2021级视觉传达设计专业学生，田耘；指导教师：孙倩。）

图 12-6 葫芦小镇品牌形象设计

12.4 项目实施

一、品牌形象手册封面、封底的设计与制作

为了保障品牌形象手册封面和封底的统一性，把封面、封底、书脊部分按照尺寸大小合成一个页面进行制作。它是根据品牌理念，选用设计基础系统中的标准标志、标准色、辅助图形等内容作为品牌形象手册封面、封底设计中的主要组成部分展开设计（见图12-7）。

图 12-7　葫芦小镇 VI 手册封面、封底设计

　　品牌形象手册内页页面大小可根据实际使用情况设置，常用的尺寸有横版 A4 纸、竖版 A4 纸，或者方形等。书脊的宽度也需要根据品牌形象手册内页的实际厚度而定，很多品牌形象手册是以活页的形式插放在文件夹中，这时书脊的厚度就要根据文件夹的实际厚度进行设置。

二、品牌形象手册内页的设计与制作

　　品牌形象手册的内页内容较多，本项目选取较为重要的两个页面介绍内页制作过程。

1. 目录页的设计与制作

　　目录页以内容清晰、规范为标准，适当结合标志组合与辅助图形进行设计。根据已设计好的内容安排好编号次序后，开始制作。在本品牌形象手册版式中，金色作为基本版式的主体色贯穿手册始终。

　　（1）打开 Photoshop 软件，在【文件】菜单中选择【新建】命令，设置页面大小为 210mm×297mm，颜色模式为 CMYK，分辨率为 300dpi，背景色为白色，另存文件为"目录"。

　　（2）将"A"置于页面左上方。使用【文字工具】分别输入标题字"基础部分""BASE PART"，设置字体颜色为白色，调整好字体样式、字号大小、字距、行距。

　　（3）目录页文字使用灰色，以与辅助色和正文页文字相呼应，活跃、醒目，有时尚、年轻化的特点，体现了葫芦小镇品牌的现代气息。使用【文字工具】分别输入标题字，介绍手册正页内容分类，调整好字号大小；使用【文字工具】分别输入段落文字，按照编号添加各标题的细化内容。调出【字符】面板，调整字号大小、字距、行距、对齐方式等。最终效果如图 12-8 所示。

目录

企业标志释义设计说明 ············· A-01

企业标志黑白稿及反白效果 ········· A-02

企业标志标准色彩正稿件及负稿 ····· A-03

标准标志 ························· A-04

图形标志 ························· A-05

企业标志标准制作规范 ············· A-06

企业标志字中文简称 ··············· A-07

企业标志字中文简称黑白稿 ········· A-08

企业标志横板组合 ················· A-09

企业标志横板组合黑白稿 ··········· A-10

安全区域 ························· A-11

最小尺寸 ························· A-12

版式位置 ························· A-13

使用与限制 ······················· A-14

标志标准色 ······················· A-15

标志色比例 ······················· A-16

企业宣传语黑白稿 ················· A-17

辅助图形1 ························ A-18

辅助图形2 ························ A-19

图 12-8　目录页设计

2. 正文页的设计与制作

　　基础系统的正文页，主要用来传达品牌标志设计规范，内容需明确，排版需整齐、富有节奏感；应用系统的正文页，以凸显效果图为设计目的。下面以标志的方格制图页面为例，分析基础系统、应用系统各个页面的制作过程。

　　（1）打开 Photoshop 软件，在【文件】菜单中选择【新建】命令，设置页面大小为 210mm×297mm，颜色模式为 CMYK，分辨率为 300dpi，背景色为白色，另存文件为"标志方格制图"。

　　（2）首先确定页面的基本版式，其他正文页都要以基本版式为标准进行制作，只需替换相对应的项目图片和文字内容即可。新建图层，使用【矩形选框工具】在页面的上半部分画出线条和色块（标准色金色），规范标题栏的大小和位置。

（3）在金色块内填写系统编号，细化线条，填写文字。在标题字下方输入说明文字（橙黄色黑体字），调整字体大小、字距、行距、对齐方式（见图 12-9）。

企业标志标准制作规范
标志在各种环境和材质应用过程中，为保持对外形象的高度一致性，采用标志的网格制图的方式规范标志的造型比例、结构、空间、距离等位置关系。本示意图的意义在于告知企业形象的使用者认识此页标志的正确形态，能够避免错误的使用或为实施供应商把关，而不是将标志进行重绘。
A
视觉识别系统
06

图 12-9　正文页标题及说明设计

（4）置入标志方格图，调整细节。最终效果如图 12-10 所示。

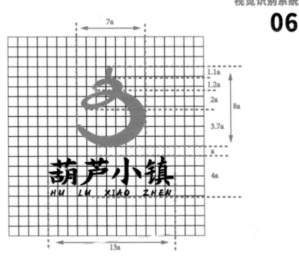

企业标志标准制作规范
标志在各种环境和材质应用过程中，为保持对外形象的高度一致性，采用标志的网格制图的方式规范标志的造型比例、结构、空间、距离等位置关系。本示意图的意义在于告知企业形象的使用者认识此页标志的正确形态，能够避免错误的使用或为实施供应商把关，而不是将标志进行重绘。
A
视觉识别系统
06
7a
1.1a
1.2a
2a
8a
3.7a
a
4a
葫芦小镇
HU LU XIAO ZHEN
13a

图 12-10　葫芦小镇标志规范

（5）基础系统的正文页设计强调标准、规范和秩序性，如图 12-11 所示；应用系统的正文页设计重点在于效果图的展示，如图 12-12 所示。

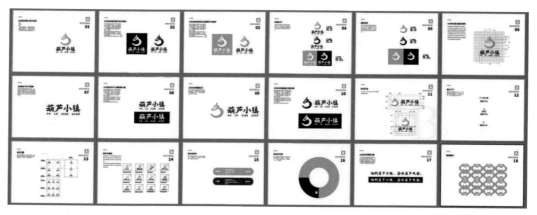

图 12-11 葫芦小镇形象识别手册基础系统设计（部分）

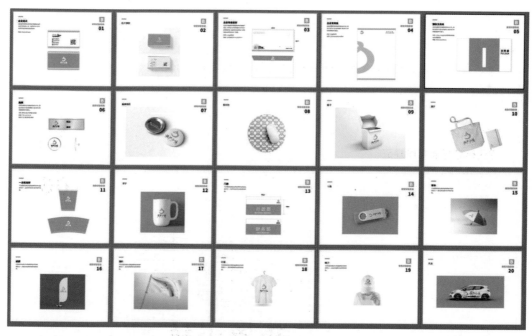

图 12-12 葫芦小镇形象识别手册应用系统设计（部分）

知识链接

　　品牌形象手册的编排因为内容琐碎繁杂，所以要考虑使用时的方便性，尽量做到秩序井然、风格统一。品牌形象中标志、文字、辅助图形、色彩等视觉符号之间的组合排列是展现品牌形象品格的重要视觉要素，版式编排得舒适与否会直接影响作品视觉冲击力的强弱。

1. 文字的可读性

在品牌形象设计中，文字的编排设计是增强视觉效果、使版面个性化的重要手段。在字体的选择与运用上，首先要便于识别，容易阅读，不能为盲目追求效果而使文字失去传达信息的功能；同时，不同的字体变化和大小又会带来不同的视觉感受。在设计时，要从品牌精神出发，选择在形态上或象征意义上与传达内容相吻合的字体。

2. 色彩的适应性

色彩起到制造气氛、烘托主题、强化版面视觉冲击力的作用，能够引起人们的注意及情感上的反应。品牌形象手册中的色彩应以品牌的标准色、辅助色为参考进行设计。

3. 版式的系统性、完整性

品牌形象手册的版式应根据开本的大小、内容的多少等不同情况进行有针对性的设计。设计时，要特征醒目、形象突出、版面设计要素集中，注意网格结构的运用，色彩协调统一，保证手册的系统性和完整性。

案例拓展

万科四季花城形象识别手册

万科四季花城项目是一个大型、低密度、高端的休闲住宅区，其配套完善，注重绿化、环境和社区文化的营造。形象识别手册围绕标志、标准色、辅助图形展开设计，形象突出，色彩丰富和谐，版式规范严谨，充满活力、希望和现代气息，预示着多姿多彩的生活，满足了人们向往阳光、绿色、现代新生活的心理需求（见图 12-13 ～图 12-15）。

图 12-13　万科四季花城形象识别手册封面、封底设计

A BASIC ELEMENT
基础要素

A-01　标志、标准字体、标准色及辅助色、辅助图形
A-02　标志释义
A-03　标志落格
A-04　中英文标准字体及落格
A-05　标志标准组合形式及标志黑白反衬
A-06　标志与企业资料标准组合形式
A-07　标志错误组合形式
A-08　标志最小使用尺寸、标志最小预留空间、标准单色表现
A-09　标准色、辅助色
A-10　辅助图形——1（横式）
A-11　辅助图形——1（竖式）
A-12　辅助图形——2（横式）
A-13　辅助图形——2（竖式）
A-14　指定印刷字体

B APPLICATION ELEMENT
应用要素

B-1 对外形象类
B-1-01　名片、信纸
B-1-02　便笺、传真纸
B-1-03　信封之一
B-1-04　信封之二、胸卡
B-1-05　信袋
B-1-06　文件夹
B-1-07　工作证、参观卡
B-1-08　住户卡、会晤卡、优惠卡
B-1-09　T恤、太阳帽
B-1-10　手提袋
B-1-11　礼品杯、杯垫
B-1-12　太阳伞、靠垫
B-1-13　礼品包装盒
B-1-14　户外挂旗
B-1-15　挂车旗
B-1-16　车体形象
B-1-17　建筑围墙形象
B-1-18　日常挂旗、开盘挂旗、入伙挂旗

B-2 二期销售氛围
B-2-01　销售中心导示牌
B-2-02　销售中心柱体、内部大在
B-2-03　二期看楼气球车
B-2-04　二期挂旗、小型指示牌

B-3商业街形象
B-3-01　标识牌、商家灯箱牌
B-3-02　商业街奇趣车
B-3-03　台制标志、标准色及辅助色、标志单色及彩色表现
B-3-04　台街竖挂旗、斜挂旗
B-3-05　台街招牌

B-4 艺术市场形象系统
B-4-01　标志、标志黑白应用、标志单独应用
B-4-02　室外挂旗
B-4-03　灯箱、展板

B-5 社区导示系统
B-5-01　品搭
B-5-02　总平面图牌
B-5-03　水牌
B-5-04　街道名称牌
B-5-05　街道指示牌
B-5-06　苑名名称牌
B-5-07　花城信息栏
B-5-08　栋座名称牌
B-5-09　门户牌
B-5-010　楼层名称牌

B-6会所导示系统
B-6-01　会所导示牌
B-6-02　会所功能导示牌
B-6-03　会所功能导示牌
B-6-04　会所室内指示牌

目录CONTENTS

图 12-14　万科四季花城形象识别手册目录

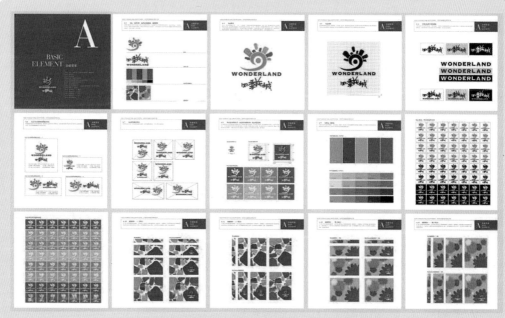

图 12-15　万科四季花城形象识别手册基础系统设计（部分）

知识拓展

一、印刷工作

1. 胶版印刷

胶版印刷属于传统印刷工艺，需要制版后再进行印刷，印刷质量较高。由于有制版环节，相对来说其成本较高，适合印量较大的手册。

2. 无版印刷

无版印刷也是品牌形象手册的基本印刷方式。它是在数码印刷机上直接印刷，无须制版，适合印量不多的情况。在当前技术条件下，其印刷质量不如胶版印刷精细，但与打印相比质量比较高，保存时间也与胶版印刷品基本一致。

3. 打印

打印的特点是快速，成本较低。其中激光打印质量较好，喷墨打印通常会出现色彩偏差。打印的文件不能长久保存。

二、装订方式

品牌形象手册完成设计、编排、印刷等步骤后，最后进行装订制作。常用的装订方式有骑马钉装订、塑圈（铁圈）装订、无线胶装、豪华精装、客户的定制文件夹、夹（边）条装订、线装等。无论品牌形象手册采取怎样的设计风格，一般情况下，装订方式都选取页面可以灵活取阅、调换、增删的活页装订方式。适用于品牌形象手册的装订方式有塑圈（铁圈）装订、无线胶装、豪华精装。

1. 塑圈（铁圈）装订

塑圈装订是将塑料（金属）环片穿过文件左页边缘的装订孔，然后折压成册，封面上面可以加装透明/雾面胶片。它适合装订 10 ～ 500 页的文件，文本装订侧需留出 7 ～ 12mm 的打孔距离。多用于招投标书、培训资料、会议资料、文件资料、品牌形象手册、样本画册、作品集、纪念册、毕业论文等文件的装订。其装订特点是方便快捷，可以重复拆卸、加页，精致耐久、清晰流畅、易于翻转。

2. 无线胶装

无线胶装是通过特种黏合剂，经过装订机的冲压，将设计精美的封面同内文黏合在一起，装订成册，适合装订 10 ～ 400 页的文件，文本装订后，需要修边，故切口处不宜放置重要图文。其多用于招投标书、培训资料、会议资料、文件资料、产品说明、毕业论文、VI 手册、样本画册、作品集等。装订特点是普遍适用且精美绝伦。

3. 豪华精装

豪华精装是将经过精心设计的封面印出来，然后将其裱到硬的纸板上，组成非常坚挺的书皮；内文则采用锁线胶装订，然后通过精美的环衬同书皮装订在一起。适合装订 50 ～ 450P 的文件。

封面折页处不宜使用深色块图文，以避免折页处覆膜起泡。多用于招投标书、品牌形象手册、样本画册、菜谱酒单、精美手册等。装订特点是豪华而高贵，可自由设计文本尺寸。

思考及练习题

1. 该项目在版式设计中如何体现了中式特色？

2. 以某一传统文化的品牌形象为设计基础，进行品牌形象手册设计。

Part IV

品牌推广
案例解析

　　企业品牌推广该如何做？当今时代，品牌为王，品牌决定未来。经典品牌推广方案不胜枚举。但适合企业的才是最好的，企业的品牌推广需要结合企业的实际，好的品牌推广方案能够帮助企业迅速实现品牌价值提升。

项目 13　奥林匹克运动会视觉识别系统设计

奥林匹克运动会（希腊语：Ολυμπιακοί Αγώνες；法语：Jeux olympiques；英语：Olympic Games；中文简称"奥运会"）是由国际奥林匹克委员会主办的世界规模最大的综合性运动会。该运动会每四年举办一届，会期不超过 16 天，被视为最具影响力的全球体育盛事。奥林匹克运动会的核心标志是由蓝、黑、红、黄、绿五种颜色组成的相连圆环，这五个环象征着亚洲、欧洲、大洋洲、非洲和美洲五大洲在比赛和庆祝中的团结。这一标志由现代奥运会的创始人皮埃尔·德·顾拜旦于 1913 年设计，并于 1920 年在安特卫普奥运会上首次亮相，成为世界上最广为人知的品牌之一。

随着奥运会全球影响力的不断扩大，奥林匹克标志也在不断创新。自 2018 年起，国际奥委会召集了一群艺术家和专家，在加拿大一家设计公司的协助下，开发了一套全新的视觉识别系统（见图 13-1 至图 13-5）。该系统主要包括三套定制字体、17 张漫画插画、多种图形设计以及这些元素的使用指南。

未来，该系统还将增加一系列像素风格元素和一套新的标志，更多插画也将陆续发布。国际奥林匹克运动会的宣传材料、标志、徽章、会徽、数字产品等设计和发布，都将遵循新的系统规范进行。

图 13-1　奥林匹克品牌设计

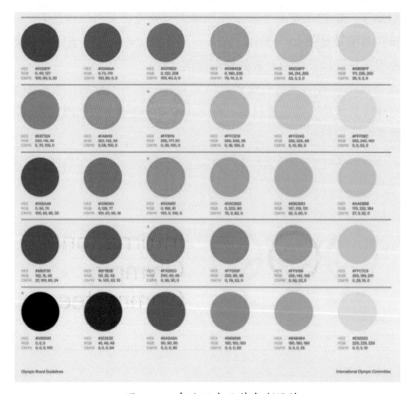

图 13-2　奥林匹克品牌字体设计

图 13-3　奥林匹克品牌色彩设计

图 13-4　奥林匹克品牌辅助图形设计

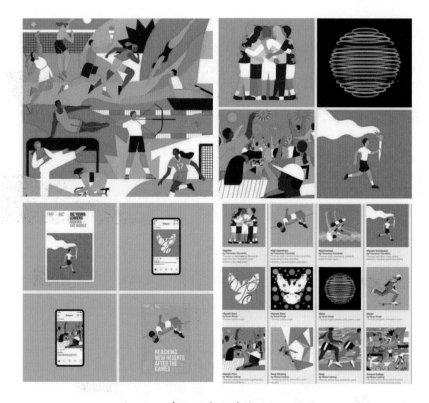

图 13-5　奥林匹克品牌辅助插画设计

品牌方：国际奥委会（IOC）

设计：Hulse & Durrell、国际艺术家、印刷师及设计师团队合作创建

来源：Logo 设计视觉

（1）图 13-1：全新的视觉识别系统，以便在所有平台上更优雅地安排奥林匹克标志，并能够灵活应用，增加影响力和层次结构。

（2）图 13-2：设计师团队创建的新设计系统具有三种定制字体，其中，Olympic headine 字体品牌标志性的粗体和运动字体，用于短而有力的标题；Olympic Sans 字体主要用于正文；而 Olympic Serif 字体给整体带来一些传统和优雅的气息。

（3）图 13-3：在奥林匹克标志原色（蓝色、黄色、黑色、绿色、红色和白色）的基础上，新的视觉系统还扩展新的品牌色调，使其便于更好地应用到数字界面和插画中；此外，还增加了奥运金牌颜色——金色、银色和青铜色。

（4）图 13-4：通过色彩和几何图形来表达奥运精神。这些图案灵感来自运动场、跑道、车道等，有趣且大胆的视觉效果为奥运增加了更多色彩。

（5）图 13-5：三位国际艺术家为奥运会创作了多幅插画，用于出版、数字、环境设计等领域。插画从几何图形到手绘，从简单到详细，清晰地传达了奥运理念。

项目 14　草间弥生美术馆的视觉系统设计

草间弥生美术馆是全球首个专门展示草间弥生（Yayoi Kusama）作品的个人美术馆，由草间弥生本人在 2017 年成立的草间弥生纪念艺术财团运营。该美术馆的馆长由多摩美术大学校长、知名美术评论家建畠晢担任。草间弥生被誉为日本当代最具代表性的艺术家之一，她出生于日本长野县松本市，1957 年移居到美国纽约市，并在那里开始展现其前卫艺术创作的领导地位。目前，她居住在日本东京。草间弥生曾与其他当代艺术家如安迪·沃霍尔、克拉斯·奥尔登堡、贾斯培·琼斯共同举办联展。

草间弥生美术馆的视觉识别系统由日本新生代设计师色部义昭领导的"色部工作室"设计。设计理念的核心是将元素精简至最重要、最共通的基础上，以草间弥生的亲笔签名为灵感来源，提炼其独特特征，避免不必要的诠释，并在细节上进行调整，以延伸至主视觉。这种设计表达了对艺术家世界观的尊重，同时也便于艺术爱好者产生认同感。

此次视觉形象的构建主要分为三个部分（见图 14-1 至图 14-5）：首先是主视觉及其延伸应用，其次是美术馆的专用字体符号和指示系统，最后是主视觉衍生出的周边设计，包括工作人员制服、购物袋等。

图 14-1　草间弥生美术馆品牌设计

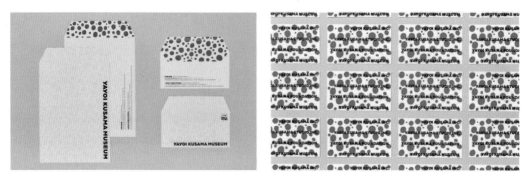

图 14-2　草间弥生美术馆名片设计

图 14-3　草间弥生美术馆字体设计

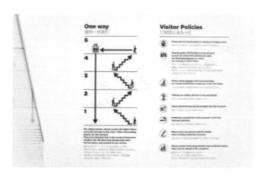

图 14-4　草间弥生美术馆导视设计

图 14-5 草间弥生美术馆周边设计

品牌方：草间弥生美术馆

艺术总监：色部义昭（日）

设计：Irobe Design Institute（色部工作室）山口萌子（日）、松田纱代子（日）

（1）图 14-3：字体标志的设计灵感来自草间弥生的亲笔签名，以此展开了全套视觉形象的设计，包括宣传册、开放纪念展传单、名片、信封、海报等。

（2）图 14-4：导视系统与字体符号的设计同样延续一种概念，加入具有特色的元素，确保来馆民众能够清楚了解参观路线，顺畅地参观馆内各处。

（3）图 14-5：由主视觉衍生的周边设计，以主视觉与草间弥生的作品作为设计基础，如点点图案的透明购物袋，除呈现艺术家的代表作品之外，使用者把任何物品放进去后都像是变成了草间弥生的作品般。从设计细节上入手，思考到使用后的效果，透过设计的方式在各处融入草间弥生的世界观。

项目 15　第九届深港双城双年展视觉系统设计

第九届深港城市、建筑双城双年展（深圳）（以下简称"深双"）以"城市生息"（Urban Cosmologies）为主题，其中的"生息"既是空间上的多元共生，也是时间上的生命节律。"城市生息"包含三层内涵：在认知维度上将城市视作生生不息的共生之场，在方法维度上探索城市实现循环与平衡的发展之道，在行动维度上展现人们繁衍生息的生活之道。本届深双将可持续理念纳入展览全周期考量，提倡环境友好的展陈方式，并在材料、技术、展中呈现、展后处理等各方面遵循环保原则。

品牌方：第九届深港双城双年展

艺术总监：何见平

设计：何何（杭州）平面设计有限公司

设计理念：以平面的图形语言诠释"环保材料""废料循环利用""回收计划""可循环模式"等本届展览倡导的关键词。在对"城市生息"的解读中，hesign 公司艺术总监何见平将"城市生息"理解为"空间"和"自然"之间的"呼吸"。"呼吸"是生命的行为，"空间"和"自然"之间的生命轨迹，形成"生息"这种能量平衡、物质不灭的精神。人对自然不再是单一的索取，而是平衡的维护。此消彼长、循环再生，是建筑追求的未来。有形的建筑空间和无形的自然空间之间达到和谐，是人类创造空间进行居住生活的最理想化境界，是宇宙平衡的构成元素。（见图 15-1 至图 15-6）

来源：艺创小镇

图 15-1　第九届深港双城双年展标志设计

图 15-2　第九届深港双城双年展字体设计

图 15-3　第九届深港双城双年展主视觉动态

图 15-4　第九届深港双城双年展海报设计

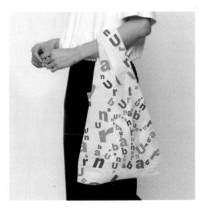

图 15-5　第九届深港双城双年展应用设计

图 15-6 第九届深港双城双年展户外设计

（1）图 15-1：标志设计中将"城市生息"（Urban Cosmologies）的大宇宙观放入第九届深双具体的语境中。一个"9"字中，包含了建筑和宇宙的和谐。"Urban Cosmologies"英文字母被打散，重组出运动定格的数字"9"；循环往复的同心圆漩涡造型，寓意人类与自然同心同向、和谐共生的绿色发展理念。

（2）图 15-2：深双已经突破专业和展览形式的单一性，成为更多元内容的展示平台。为了解决视觉传播中使用形态不一、尺寸迥异的各种媒介的可能，设计者选择尺寸和笔画一致的电脑字体作为"城市生息"基础型。

（3）图 15-3：文字选择赵孟頫行中兼楷的书法笔意，其文字造型结体严谨，清俊潇洒而内含风骨。灵动的汉字字形与运动的西文字母结合，产生动与静、自然型与有机型的视觉对话，体现时空和物理中的"生息"概念。文字蕴含了本届深双的人文性，空间则是建筑的灵魂，字母重组时扁平字体形态构建出无限的空间遐想，突出"空间"和"构建"的紧密联系。在平面设计上，几个书法字形隐藏了缩放和重构的可能性，具备解决后期延展设计困扰的可能性。

（4）图 15-4：品牌色彩则从近五年来中国城市的流行色着手，将这几年排列在前的普通流行色提炼出来，组成川流不息、车水马龙的城市内容象征。

项目 16　小米品牌视觉系统设计

小米科技有限责任公司（简称小米公司）成立于 2010 年 3 月 3 日，是一家专注于智能硬件和电子产品研发的全球化移动互联网企业，同时也是一家专注于智能手机、互联网电视及智能家居生态链建设的创新型科技企业。小米公司创造了用互联网模式开发手机操作系统、发烧友参与开发改进的模式。"为发烧而生"是小米的产品概念，"让每个人都能享受科技的乐趣"是小米公司的愿景。小米公司应用了互联网开发模式开发产品，用极客精神做产品，用互联网模式干掉中间环节，致力于让全球每个人都能享用来自中国的优质科技产品。其视觉系统设计见图 16-1 至图 16-3。

图 16-1　小米品牌标志设计

图 16-2　小米品牌色彩设计

图 16-3　小米品牌视觉设计

品牌方：小米科技有限责任公司

设计：原研哉（日）

设计理念：人类与科技是不断接近的。从此观点出发，提出了"Alive"这一设计概念，以回应小米的企业理念。

来源：坚荷

（1）图 16-1：小米的新标志形状如何呈现？设计者对正圆形到正方形之间的各种形状做了验证。在验证的过程中，他们遇到一个数学公式，将各种变量 n 带入这个数学公式，在正圆形到正方形之间将会呈现各种非常美丽的形状。这个过程让原研哉感受到了数字的魅力。经过各种对比，最终采用 $n=3$ 这一形状。这是介于圆形和正方形中间的、造型适中且最适合体现"Alive"要素和性质的图形。然后又重新设计了与外轮廓相呼应的"xiaomi"的字母 Logo。在使用的时候，标志和字母 Logo 分开使用可以达到最好的效果。

（2）图 16-2：小米原有的品牌颜色橙色被继续沿用为企业的品牌颜色。同时，原研哉设置了黑色和银色作为辅助色，让其适用于高科技产品。

（3）图 16-3：小米品牌在应用的过程中体现了一种动态的概念。设计者认为生命通过在环境中的不断运动，始终保持着一种平衡状态和个性，这也就是生命本身的样子。因此对于变化的环境，标志也要与之相适应。即使是在印刷品中，标志也不是固定在四角，而是漂浮定位在最合适的地方，以一种浮游感的状态存在。

项目 17　杭州博物馆的视觉系统设计

　　杭州博物馆位于中国浙江省杭州市西湖风景名胜区吴山，毗邻吴山广场和河坊街历史文化街区。博物馆占地面积达 2.4 万平方米，建筑面积为 1.3 万平方米，展区面积则有 7000 平方米。馆藏文物数量超过万件，包括陶瓷、书画、玉石、印章、钱币、邮票等多个品类。杭州博物馆是浙江省的爱国主义教育基地，也是杭州市的文明示范博物馆。其前身为杭州历史博物馆，是一座展示杭州历史变迁的人文类综合性博物馆，是浙江省内颇具特色和影响力的博物馆之一，也是杭州市博物馆群体中馆藏、展陈和文化活动水平较高的骨干博物馆。2017 年 5 月 18 日，杭州博物馆荣获第三批国家一级博物馆授牌。

　　杭州博物馆的新设计和新形象展现了杭州山水与人文的独特魅力。杭州博物馆的 Logo 设计灵感来源于杭州城西的连绵山色，将拱桥、城门等元素映衬于山水之间。Logo 如同西湖水面的涟漪，传递并连接着杭州的古今，象征着博物馆在文化传承中的重要作用（见图 17-1）。

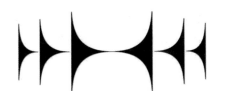

图 17-1　杭州博物馆 Logo 设计

　　杭州博物馆的 Logo 线条现代感十足，其弧线设计巧妙融入了博物馆的镇馆之宝——战国水晶杯的元素，使得 Logo 的弧度与水晶杯从杯身过渡到杯底的曲线高度契合。Logo 中的多个异型三角形本身就是水晶的象征。

　　标志由层叠的"H"字样演变而成"州"的字形，形神兼备，时尚而典雅。在视觉识别系统的应用中，hesign 公司为杭州博物馆设计了一系列非常现代的品牌图案，紧密联结当代审美趋势。

　　杭州博物馆的视觉系统设计如图 17-2 至图 17-4 所示。

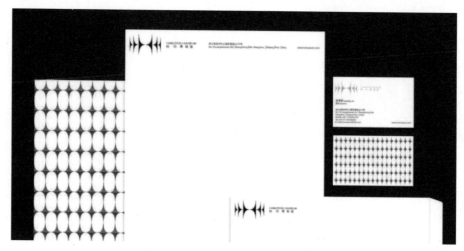

图 17-2　杭州博物馆办公用品设计

图 17-3　杭州博物馆手提袋设计

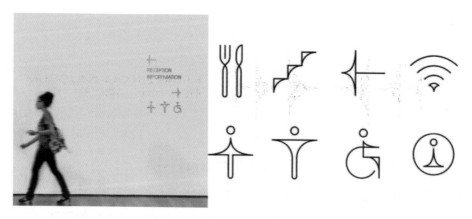

图 17-4　杭州博物馆导视图标设计

品牌方：杭州博物馆

艺术总监：何见平

设计：hesign 设计公司

来源：搜狐

项目 18　得到视觉系统设计

　　得到是一个为用户提供碎片化学习方式和高效率知识服务的平台，旨在帮助用户在短时间内获取有效的知识。其品牌口号为"知识就在得到"。在线上，得到为学员提供了一套涵盖各行业多元思维模型的课程；线下则组织来自不同行业领域的学员进行面对面的集体学习。

　　得到的品牌标志以猫头鹰为设计原型。猫头鹰作为知识的象征，拥有超过 2000 年的历史。在希腊神话中，智慧女神雅典娜的圣鸟就是猫头鹰，因此猫头鹰也成为智慧与知识的象征。该标志的设计灵感来源于公元前 5 世纪古雅典的城邦币，正面是雅典娜的头像，背面则是猫头鹰的形象。这种货币曾是重要的国际流通货币，如今已成为全球最昂贵的古币之一。设计团队在此基础上进行了提取与再设计，将猫头鹰的头部和眼部突出放大，以增强标志与用户之间的情感交流，并提升视觉冲击力，使其令人过目难忘。同时，设计团队简化了猫头鹰身上的羽毛，将其颜色改为橙色，使色彩更加鲜亮，具有更强的穿透力（见图 18-1）。

图 18-1　得到猫头鹰符号元素设计

得到的愿景是要成为一所为终身学习者服务的新型通识大学。因此，在标志设计中，通过分析世界百年名校的Logo，寻找到标志设计的另外一个"符号"——"盾形"轮廓和"书本"元素。因此，在标志开发中将代表知识与智慧的"猫头鹰"、代表知识的"书本"，以及名校的"盾型"轮廓和品牌名"得到"进行了"四合一"的设计组合（见图18-2）。

图 18-2　得到标志设计

得到的视觉设计如图 18-3 至图 18-7 所示。

图 18-3　得到环境导视设计应用

图 18-4　得到开屏页、新手礼包、勋章体系设计应用

图 18-5　得到书签设计应用

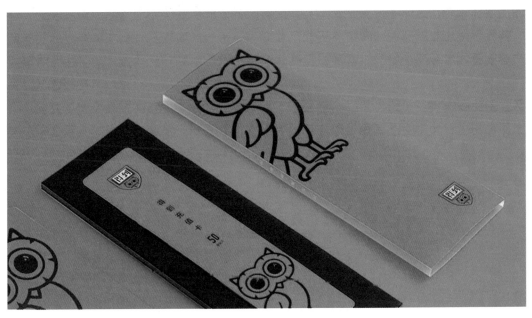

图 18-6　得到充值卡设计应用

图 18-7　得到新知服装设计应用

品牌方：北京思维造物信息科技股份有限公司

设计：华与华

来源：华与华商学